**남정석 셰프**

대학과 대학원에서 외식조리학을 전공하고 국내외에서 다양한 경력을 쌓았습니다.
현재 지역의 제철 재료를 이용해 건강한 먹거리를 만드는 이탈리안 레스토랑 '로컬릿'과
테이크아웃 샐러드 숍인 '그린볼샐러드마켓'의 오너 셰프입니다.

채소 본연의 맛과 향, 식감이 살아 있는 요리를 추구하고 지역 농산물의 가치를 중시해
농부들과 지속적으로 소통하고 있습니다. 시간이 날 때마다 농장을
방문해 직접 수확한 재료들을 요리에 활용하기도 합니다.
농부시장 마르쉐에 여러 번 참여하며 농부들과 협업했고 레스토랑에서
마르쉐 채소시장을 진행하기도 했습니다.

@THE_LOCAL_EATER

※이 책을 보다가 궁금한 점이 있으면 로컬릿 인스타그램 DM으로 질문하세요.

로컬릿 채소 요리의 정석

# LOCAL EAT
## VEGETABLE
## COOK BOOK

# Prologue

저는 농부의 아들로 태어났어요.
아버지는 소작농이셨지요. 기계를 사용하지 않고,
일일이 손으로 벼농사와 밭농사를 지으셨어요.
어머니는 그걸 시장에 내다 파셨지요. 시골 농부의
아들로 유년 시절을 보내면서 봄, 여름, 가을, 겨울
산과 들에서 나는 채소를 직접 수확하기도 하고
그것으로 만든 요리들을 먹다 보니 자연스럽게
채소를 좋아하게 되었어요. 어렸을 때 마당에서
기르던 오이와 토마토를 바로 따서 씻지도 않고
먹은 적이 있는데 그 풋내가 아직까지도 생생하게
기억이 나요. 어른이 된 후 시장이나 마트에서
파는 토마토와 오이에서는 그 맛이 나지 않아 항상
아쉬웠어요. 그러던 중 '농부시장 마르쉐'를 알게
되었어요. 마르쉐에서 여러 지역의 농부님들을
만나고 그들이 직접 생산한 채소들을 맛보니 어릴
때 먹었던 추억의 맛이 자연스럽게 떠오르더라고요.
그때부터 농부님들과 소통하면서 각 지역의 제철
채소를 활용한 요리를 만들어보고 싶다는 생각을
하게 되었어요. 이것이 바로 옥수동 로컬릿이
탄생된 이유이자 제가 본격적으로 채소 요리에

관심을 가지게 된 계기라고 할 수 있어요.
농부님들을 만날 때마다 마치 아버지와 어머니를
뵙는 것 같은 편안함을 느껴요. 그분들의 노력을
누구보다 잘 알고 있고요. 자식처럼 애지중지 키워온
농작물을 소개하면서 뿌듯해하시는 모습을 보면
제 기분도 저절로 좋아져요. 농장에서 재료를 직접
가져올 때의 좋은 점은 신선한 채소를 눈으로 보고
수확할 수 있다는 것이에요. 가공이나 포장, 유통
등의 과정을 거치면서 채소의 신선도가 떨어지거나
영양소가 파괴될 수밖에 없거든요. 포장과 유통에
필요한 일회용 용기를 사용하지 않아도 되고요.
농부님들을 만나 소통하다 보면 새로운 요리
아이디어가 떠오르기도 해요. 그러면서 요리사인
제가 할 수 있는 일이 무엇인지도 고민하는데요.
저는 농부와 레스토랑 고객을 하나로 잇는
징검다리와 같은 역할을 한다고 생각해요.
좋은 채소를 찾아 가장 맛있게 먹는 방법을 연구하고
그 결과물을 고객에게 제공한다는 사명감 또한
가지게 되었죠.

채소의 가장 큰 매력은 '건강한 맛'이에요.
다른 재료들은 많이 먹으면 소화 불량이나
비만의 원인이 되는데 채소는 그렇지 않거든요.
식탁에서 채소의 비중을 조금씩 높여갈수록
제 건강도 점점 좋아지는 것을 느껴요.
채소 요리에서 가장 중요한 것은 단순한
조리법이라고 생각해요. 영양 손실을
최소화하면서 채소 본연의 맛을 살릴 수 있어야
하죠. 그래서 제가 가장 좋아하는 조리법은
채소에 소금과 후춧가루, 엑스트라 버진
올리브유를 뿌린 뒤 오븐에 굽는 것이에요.
채소의 종류에 따라 굽는 온도와 시간 등이
조금씩 다르지만 구운 채소의 특유의 맛과
식감은 굉장히 매력적이죠. 거기에 퀄리티 좋은
엑스트라 버진 올리브유를 뿌리면
그 자체만으로도 훌륭한 요리가 완성되고요.

이 책에서는 누구나 쉽게 따라 할 수 있는
실용적인 요리들을 소개하기 위해 노력했어요.
눈으로만 보지 말고 직접 만들고 또 그 맛을
느껴보면서 그동안 몰랐던 채소의 새로운
매력을 만끽하길 바라요. 평소 채소를
가까이 하고 싶지만 어떻게 먹어야 할지 몰라
막막했다면 이 책을 통해 다양한 채소들의
조합을 경험해보세요. 쉬운 요리부터 시작하면
'나도 요리를 잘할 수 있다', '내가 만든 채소
요리가 이렇게 맛있다니!' 하는 성취감을
얻을 수 있을 거예요. 그러고 나서 난이도를
점점 높이는 거죠. 이를 바탕으로 냉장고에 있는
채소들로 응용을 하다 보면 자신만의 새로운
레시피를 찾는 즐거움을 느낄 수 있을 거예요.
이 책이 평소에 즐겨 먹지 않던 채소의 매력을
발견하는 것은 물론이고 채소와 조금 더
가까워질 수 있는 계기가 되었으면 참 좋겠어요.

# CONTENTS

## PART 1.PREP

# HOW TO READ THIS BOOK

## 이 책의 순서

이 색은 총 3개의 파트로 구성됩니다. 파드 1에시는 다양한 채소 요리에 활용할 수 있는 페스토, 드레싱, 소스, 피클 등을 소개합니다. 요리는 평일과 주말, 두 가지 콘셉트로 구분했습니다. 파트 2에서는 바쁜 일상 속에서 비교적 쉽고 간단하게 만들 수 있는 평일 요리를, 파트 3에서는 완성하기까지 어느 정도 시간과 정성은 필요하지만 근사한 맛과 비주얼을 자랑하는 주말 요리를 만나볼 수 있습니다.

## 셰프의 추천 조합

홈파티와 와인 파티, 브런치, 피크닉까지 각각의 상황에 어울리는 요리와 조합을 추천합니다. 담음새와 푸드 스타일링에 대한 아이디어도 얻을 수 있습니다.

**D** 다이어트

 **1** 한 끼 식사

 **H** 홈파티

 **D** 술안주 (와인·맥주)

 **B** 브런치

 **V** 비건

 **P** 피크닉

## 요리의 분류

요리의 특성에 따라 7개의
테마로 분류했습니다.
**노란색 D**는 다이어트,
**1**은 한 끼 식사, **H**는 홈파티,
**하늘색 D**는 술안주,
**B**는 브런치, **V**는 비건,
**P**는 피크닉을 의미합니다.
요리명 하단의 아이콘을 통해
확인할 수 있습니다.

---

채소 포카

# VEGE
# FOCA
# PIZZA

**1 H B**

RECIPE

맛있는 포카치아만 있으면 쉽고 간단하게
피자를 만들 수 있어요. 포카치아에
토마토소스와 구운 채소, 치즈를 올려 구우면
완성! 여기서 중요한 포인트는 이미 구워진
빵을 다시 굽기 때문에 토마토소스를 넉넉하게
바르는 것이에요. 그렇지 않으면 뻣뻣하고
마른 느낌의 피자가 된답니다.

### INGREDIENTS.

| | |
|---|---|
| 포카치아 | 1개 |
| 구운 채소(단호박, 가지, 파프리카, 버섯, 브로콜리 등) | 적당량 |
| 토마토소스·모차렐라 치즈 | 적당량 |
| 리코타 치즈 | 약간 |
| 바질 페스토·바질 | 약간씩 |

### RECIPE.

1. 포카치아는
   1.5~2cm 두께
2. 포카치아에 토마토소스를 듬뿍
   모차렐라 치즈를 뿌려요.
3. 구운 채소를 얇게 슬라이스한 뒤 ②에
   올려요.
   TIP 생채소를 올려도 되지만 채소를 익히기
   위해 오븐에서 너무 오래 구우면
   포카치아가 뻣뻣해질 수 있어요.
   채소는 팬에 볶거나 소금과 후춧가루,
   엑스트라버진 올리브유를 뿌린 뒤 오븐에
   구워요.
4. 구운 채소 위에 모차렐라 치즈를
   한번 더 뿌려요.
5. 180℃로 예열한 오븐에서 6분간 구워요.
6. 먹기 좋게 썰어 접시에 담은 뒤 리코타
   치즈와 바질 페스토, 바질을 올려 완성해요.

175

## 셰프의 TIP

왜 이렇게 조리하는지, 어느 정도
익혀야 하는지, 조리 시의 주의
사항, 없을 때 대체할 수 있는
재료 등 레시피를 따라 하면서
궁금해할 만한 부분을 남정석
셰프가 상세하게 알려드립니다.

11

# PART. 1

## PREP

미리 만들어두면 채소 요리를 뚝딱 완성할 수 있는 식탁의 구원자!
거창한 재료는 필요하지 않아요. 냉장실 속 재료만으로도
충분하답니다. 요리는 응용이라고 하잖아요. 다양한 재료들을
조합해 나만의 레시피를 만들어보는 것도 추천해요. 예쁜 용기에
담아 주변에 선물하면 센스 있다는 소리도 들으실 수 있을 거예요.

# PESTO

페스토는 이탈리아 리구리아<sup>Liguria</sup>주의 주도인
제노바<sup>Genoa</sup>에서 생산되는 바질을 빻아 엑스트라 버진
올리브유, 마늘, 치즈, 잣과 함께 갈아 만드는 전통 소스를
말해요. 바질뿐만 아니라 다양한 재료로 응용이 가능해요.

## 바질 페스토

페스토의 기본 중의 기본! 페스토 알라 제노베제<sup>Pesto alla</sup> Genovese라고도 불려요. 바질과 마늘, 치즈, 잣, 엑스트라 버진 올리브유, 소금을 함께 갈아 만드는데요. 저는 잣 대신 땅콩을 넣었어요. 아몬드나 호두를 사용해도 좋아요. 파르미지아노레지아노 치즈는 그라나파다노 치즈나 페코리노 치즈로 대체할 수 있어요.

## INGREDIENTS.

| | |
|---|---|
| 바질 | 210g |
| 볶은 땅콩 | 80g |
| 파르미지아노레지아노 치즈 | 50g |
| 다진 마늘 | 20g |
| 엑스트라 버진 올리브유 | 300g |
| 소금 | 8g |

## RECIPE.

1. 바질은 깨끗이 씻은 뒤 물기를 완전히 제거해요.
2. 땅콩은 오븐이나 팬에 구워 고소함을 더하고 견과류 특유의 기름진 맛을 제거해요.
3. 파르미지아노레지아노 치즈는 얇게 슬라이스해요.
4. 블렌더에 모든 재료를 넣고 천천히 갈아 완성해요.

TIP 땅콩과 치즈의 덩어리가 약간 남아 있을 정도로 투박하게 갈아요. 너무 많이 갈면 색이 빨리 변할 수 있고 씹는 맛이 덜하거든요.

## 가지 페스토 (비건)

가지 페스토는 구운 가지와 약간의 바질로 만드는 이색적인 페스토예요. 잘 구운 가지는 그대로 갈기만 해도 맛있는데요. 레몬즙과 바질을 더해 맛과 향을 잡았어요. 브루스케타<sup>Brustchetta</sup>를 만들 때 캉파뉴나 바게트에 바르는 스프레드로 활용해도 좋아요.

## INGREDIENTS.

| | |
|---|---|
| 가지 | 4개 |
| 바질 | 5g |
| 레몬즙 | 1개분량 |
| 구운 아몬드 | 30g |
| 다진 마늘 | 2g |
| 엑스트라 버진 올리브유 | 100g |
| 소금 | 10g |

## RECIPE.

1. 가지는 통째로 필러로 껍질을 벗긴 뒤 180℃로 예열한 오븐에서 15분간 구워요.
2. 식힌 뒤 블렌더에 나머지 재료와 함께 넣고 갈아 완성해요.

TIP 저는 페스토를 만들 때 치즈나 견과류가 살짝 씹히는 정도로 가는 것을 선호하는데 가지 페스토는 좀 더 곱게 가는 것을 추천해요.

## 열무 페스토

열무 페스토는 바질이 비싼 겨울에 주로 만들어요.
열무 특유의 아삭함과 톡 쏘는 매콤함이 있어 바질
페스토와는 다른 느낌의 중독성이 있답니다. 바질보다
갈변이 적고 진한 초록색이 식욕을 돋우지요. 열무는
김장 시즌에 특히 많이 나오니 시장이나 마트에서
보인다면 꼭 한번 만들어보세요.
마르쉐에서 만난 '농부가 된 사진가' 농부님의
개성배추로 만들었던 페스토에서 영감을 받아 열무
페스토를 만들게 되었는데요. 우리나라 토종 배추인
개성배추는 열무, 얼갈이와 비슷한 모양에 진한 초록빛
색감과 톡 쏘는 매운맛이 매력적이랍니다. 하지만
개성배추는 시중에 유통이 잘되지 않아 맛과 향이 가장
비슷한 열무로 대체하고 있어요.

## INGREDIENTS.

| | |
|---|---|
| 열무 | 320g |
| 엑스트라 버진 올리브유 | 500g |
| 꽃소금 | 8g |
| 다진 마늘 | 10g |
| 그라나파다노 치즈 | 75g |
| 볶은 땅콩 | 90g |

## RECIPE.

1. 열무는 깨끗이 씻어 4cm 길이로 썬 뒤 물기를
   완전히 제거해요.
2. 블렌더에 올리브유, 소금, 다진 마늘, 치즈, 볶은
   땅콩 순으로 넣은 뒤 마지막에 열무를 넣고 갈아
   완성해요.

## 시칠리안 페스토

시칠리안 페스토는 이탈리아 남부 시칠리아주
트라파니Trapani에서 주로 먹어요. 색이 붉어 페스토
로소Pesto rosso라고도 불린답니다. 바질과 잘 익은
방울토마토, 아몬드로 만드는데 저는 생토마토 대신
말린 토마토를 넣었어요. 말린 토마토가 페스토의
감칠맛을 잡아주고 수분감 없이 씹히는 식감을
살려주거든요. 이때 너무 말린 토마토 말고 적당히
수분감이 있는 반건조 토마토를 사용하는 것을
추천해요.

## INGREDIENTS.

| | |
|---|---|
| 반건조 방울토마토 | 120g |
| 바질 | 120g |
| 구운 아몬드 슬라이스 | 80g |
| 그라나파다노 치즈 | 60g |
| 다진 마늘 | 15g |
| 엑스트라 버진 올리브유 | 400g |
| 소금 | 8g |

## RECIPE.

1. 당도가 좋은 방울토마토를 반으로 썬 뒤 식품
   건조기나 오븐에 넣어 말려요.

🔵 TIP 오븐에서 말릴 때는 90℃에서 45분 정도가
   적당해요.

2. 바질은 깨끗이 씻어 체에 건져 물기를 완전히
   제거해요.
3. 블렌더에 모든 재료를 넣고 한번에 곱게 갈지
   말고 천천히 조금씩 갈면서 내용물의 입자가 살짝
   씹히는 정도로 갈아 완성해요.

# DRESSING

### 로메스코

구운 파프리카로 만드는 스페인 카탈루냐지방의 소스로 주로 칼솟타다Calcotada라는 스페인식 대파 구이에 곁들여요. 구운 채소는 물론이고 샐서이나 해산물과도 궁합이 좋아요.

## INGREDIENTS.

| | |
|---|---|
| 구운 파프리카 | 570g |
| 볶은 땅콩 | 60g |
| 할라피뇨 | 12g |
| 아가베 시럽 | 15g |
| 파프리카 파우더 | 7g |
| 엑스트라버진 올리브유 | 30g |
| 소금 | 7g |

## RECIPE.

1. 파프리카는 반으로 썰어 씨를 제거한 뒤 오븐 팬에 올리고 200℃로 예열한 오븐에서 10분간 구워요.
2. 블렌더에 모든 재료를 넣고 3분이상 곱게 갈아 완성해요.

### 바냐카우다

마늘과 안초비, 올리브유를 넣고 만든 이탈리아 디핑 소스예요. 퐁듀처럼 따뜻하게 데운 바냐 카우다에 생채소나 익힌 채소, 구운 빵 등을 찍어 먹어요.

## INGREDIENTS.

| | |
|---|---|
| 안초비 | 30g |
| 마늘 | 15g |
| 양파 | 50g |
| 생크림 | 150g |
| 채소 스톡 | 90g |
| 엑스트라버진 올리브유 | 150g |
| 이탈리안 파슬리 | 1g |
| 후춧가루 | 약간 |

## RECIPE.

1. 냄비에 모든 재료를 넣고 마늘이 완전히 익을 때까지 약불에서 뭉근히 끓여요.
2. 핸드블렌더로 곱게 갈아 완성해요.

### 메이플 발사믹 드레싱

메이플 시럽과 발사믹 비니거가 어우러져 맛과 향이 고급스러워요. 구운 채소와 특히 잘 어울린답니다.

## INGREDIENTS.

| | |
|---|---|
| 발사믹 비니거 | 180g |
| 메이플 시럽 | 150g |
| 소금 | 7g |
| 포도씨유 | 350g |
| 디종 머스터드 | 10g |

## RECIPE.

1. 블렌더에 모든 재료를 넣고 저속으로 가볍게 갈아 완성해요.

TIP 블렌더를 너무 오래 돌리면 마요네즈처럼 뻑뻑해질 수 있으니 농도를 보면서 가볍게 몇 번만 돌려요. 그렇다고 해서 휘퍼로 저으면 제대로 유화가 되지 않아요.

## 레몬 바질 비네그레트

바질과 레몬으로 만들어 싱그러움이
가득한 드레싱이에요. 만든 뒤 바로
먹으면 향이 정말 좋고요. 바질이
갈변될 수 있으니 가급적 빨리 먹는
것을 추천해요.

### INGREDIENTS.

| | |
|---|---|
| 바질 | 40g |
| 레몬 제스트 | ½개 분량 |
| 레몬즙 | 90g |
| 엑스트라버진 올리브유 | 320g |
| 아가베 시럽 | 40g |
| 소금 | 5g |

### RECIPE.

1. 바질은 깨끗이 씻어서 물기를
   제거해요.
2. 레몬은 베이킹소다로 문질러
   깨끗이 씻은 후 물기를 닦아요.
3. 제스터로 레몬 껍질을 간 뒤 즙을
   짜요.
4. 블렌더에 모든 재료를 넣고 곱게
   갈아 완성해요.

💡 비건 버전으로 만들기 위해서
아가베 시럽을 사용했고요.
메이플 시럽, 올리고당, 꿀로
대체가 가능해요.

## 허브 머스터드 비네그레트

비네그레트는 식초와 오일을
베이스로 한 드레싱을 뜻해요.
이 책에서 가장 많이 쓰이는
허브 머스터드 비네그레트는
새콤달콤하면서 오레가노의 향이
은은하게 퍼져요.

### INGREDIENTS.

| | |
|---|---|
| 소금 | 18g |
| 설탕 | 80g |
| 화이트와인 비니거 | 165g |
| 레몬즙 | 88g |
| 디종 머스터드 | 25g |
| 꿀 | 125g |
| 드라이 오레가노 | 1g |
| 엑스트라버진 올리브유 | 375g |

### RECIPE.

1. 볼에 소금, 설탕, 화이트와인
   비니거, 레몬즙을 넣고 휘퍼로
   저어 소금과 설탕을 녹여요.
2. 디종 머스터드와 꿀, 오레가노를
   넣고 잘 섞어요.

💡 비건이라면 꿀 대신 아가베 시럽
또는 올리고당을 넣어요.

3. 엑스트라버진 올리브유를
   조금씩 넣어가며 휘퍼로 잘 섞어
   완성해요.

## 랜치 드레싱

랜치Ranch는 '목장'이라는 뜻으로
보통 마요네즈에 버터밀크와
사워크림 같은 유제품을 섞어
만들어요. 쇼트 파스타나 잘게
썬 채소와 특히 잘 어울리고요.
부드러우면서 고소한 감칠맛이
살아 있어 스프레드나 딥 소스로도
많이 사용해요.

### INGREDIENTS.

| | |
|---|---|
| 양파 | 100g |
| 이탈리안 파슬리 | 1g |
| 마요네즈 | 350g |
| 화이트와인 비니거 | 50g |
| 우유 | 100g |
| 소금 | 5g |
| 후춧가루 | 약간 |

### RECIPE.

1. 양파와 이탈리안 파슬리를 잘게
   다져요.
2. 볼에 모든 재료를 넣고 휘퍼로
   저어 완성해요.

제철 채소로 만든 병절임은 제가 애정하는 채소 요리 중 하나예요. 채소를 구운 뒤 식초와 오일에 절이기 때문에 오랫동안 두고 먹을 수 있고 한번에 대량 생산도 가능하거든요. 다양한 요리에 활용이 가능한 것도 장점이죠. 구워서 먹을 수 있는 채소는 어떤 것도 사용할 수 있는데요. 그린빈이나 방울양배추 같은 채소는 데쳐서 넣는 것이 좋아요. 직접 만든 구운 채소 병절임을 예쁜 병에 담아 누군가에게 선물한다면 얼마나 감동을 받을까요? 만들기도 간단하고 채소의 맛을 제대로 느낄 수 있으니 꼭 만들어보았으면 좋겠어요.

## INGREDIENTS.

| | |
|---|---|
| 주키니 | 1개 |
| 가지 | 1개 |
| 콜리플라워 | ½개 |
| 파프리카 | 1개 |
| 마늘 | 6쪽 |
| 말린 토마토 | 90g |
| 그린 올리브 | 100g |
| 발사믹 비니거 | 100g |
| 바질 잎 | 2g |
| 엑스트라 버진 올리브유 | 적당량 |
| 소금·후춧가루 | 약간씩 |

## RECIPE.

1. 주키니, 가지, 콜리플라워, 파프리카, 마늘을 먹기 좋은 크기로 썰어 소금, 후춧가루, 엑스트라 버진 올리브유를 뿌린 뒤 180℃로 예열한 오븐에서 8분간 구워요.

**TIP** 채소의 크기나 모양에 따라 굽는 시간을 가감해요. 너무 무르게 익으면 다른 채소와 함께 절였을 때 지저분해질 수 있으니 주의해요.

2. 볼에 구운 채소와 말린 토마토, 그린 올리브를 넣고 발사믹 비니거를 뿌려요.

**TIP** 본인이 좋아하는 맛과 향의 식초를 선택해도 좋아요. 식초마다 산의 강도가 다르니 맛을 보며 양을 조절해요.

3. 병에 ②를 담고 바질 잎을 넣은 후 엑스트라 버진 올리브유를 채워 완성해요.

**TIP** 바질 대신 다양한 허브를 활용해보세요. 보관 기간을 늘리고 싶다면 말린 허브가, 비주얼과 향을 생각하면 생허브가 좋아요.

## 구운 채소 병절임

# PRESERVING ROASTED VEGETABLES IN OLIVE OIL

# VEGAN MUSHROOM DUXELLES

버섯 뒥셀은 버섯, 양파, 허브 등을 약불에서 천천히 볶은 뒤 곱게 갈아 만든
페이스트예요. 버섯의 맛과 향을 최대한 농축시켰기 때문에 라비올리, 수프,
소스, 가니시 등에 활용할 수 있어요. 생크림과 버터를 넣어 만드는 것이
일반적이지만 저는 비건 레시피로 바꾸었어요.

## INGREDIENTS.

| | |
|---|---|
| 표고버섯 | 300g |
| 양송이버섯 | 200g |
| 새송이버섯 | 100g |
| 양파 | 1개 |
| 엑스트라 버진 올리브유 | 60g |
| 화이트 와인 | 200g |
| 타임 | 2g |
| 소금 | 15g |
| 후춧가루 | 약간 |

## RECIPE.

1. 버섯은 채 썰고, 양파는 잘게
   다져요.

2. 팬에 엑스트라 버진 올리브유를
   두르고 양파를 볶다가 버섯을
   넣어 볶아요.

3. 천천히 오래 볶으면서 화이트
   와인과 타임을 넣어요.

4. 소금과 후춧가루로 간한
   뒤 핸드블렌더로 곱게 갈아
   완성해요.

22

# TOMATO

토마토소스는 이탈리아 요리에서 가장 많이 쓰는 소스 중 하나예요. 활용도가 굉장히 높아 토마토소스 하나만 제대로 만들어두면 요리 잘한다는 칭찬을 들을 수 있을 거예요. 특별한 비법이 있는 것은 아니예요. 마늘과 양파, 토마토 페이스트를 충분히 볶은 뒤 홀토마토를 잘 으깨 넣어주는 것이 중요해요. 그러고 나서 마지막에 좋은 엑스트라 버진 올리브유와 신선한 바질로 마무리하세요.

## RECIPE.

1. 냄비에 엑스트라 버진 올리브유를 두르고 다진 마늘을 색이 나지 않도록 천천히 볶아요.

TIP 마늘이 갈색으로 타면 쓴맛이 날 수 있어요.

2. 마늘 향이 골고루 퍼지면 곱게 다진 양파를 넣고 숨이 죽을 때까지 볶아요.

TIP 너무 약불에서 볶다 보면 수분이 많이 나올 수 있으니 중불에서 잘 저으면서 볶아주세요.

3. 토마토 페이스트를 넣고 충분히 볶아요.

TIP 토마토 페이스트는 생략해도 되지만 토마토의 맛을 끌어올리고 색도 더 진해져 넣는 것이 좋아요.

4. 홀토마토는 손으로 으깨 넣고 30분간 끓여요.

TIP 블렌더에 갈아서 넣을 때는 씨를 제거해야 완성된 소스가 깔끔해요.

5. 소금과 설탕, 오레가노를 넣어 끓이고 마지막에 엑스트라 버진 올리브유와 바질을 뿌려 마무리해요.

## INGREDIENTS.

| | |
|---|---|
| 엑스트라 버진 올리브유 | 150g |
| 다진 마늘 | 20g |
| 양파 | 1개 |
| 토마토 페이스트 | 15g |
| 홀토마토 | 2.5kg |
| 소금 | 5g |
| 설탕 | 20g |
| 드라이 오레가노 | 5g |
| 바질 | 2g |

# SAUCE

# HUMMUS

백태콩 후무스

후무스는 아랍어로 '병아리콩' 이라는 뜻이며 중동 지역에서 즐겨 먹는 디핑 소스 중 하나예요. 삶은 병아리콩과 중동식 참깨 페이스트인 타히니, 향신료 등을 함께 넣고 갈아 만드는데요. 저는 어릴 적 가마솥에 삶은 백태콩을 숟가락으로 으깨 먹었던 기억을 떠올리며 로컬 푸드인 백태콩과 참기름을 사용했어요. 채소 테린에 넣을때는 물기가 없어야 하며 디핑 소스나 스프레드로 사용할 때는 묽은 농도가 좋아요.

## INGREDIENTS.

| | |
|---|---|
| 백태콩 | 1kg |
| 소금 | 15g |
| 설탕 | 30g |
| 참기름 | 50g |

## RECIPE.

1. 백태콩은 물에 3시간 이상 불린 뒤 1시간 정도 삶아요.
2. 물기를 뺀 뒤 소금, 설탕, 참기름과 함께 볼에 넣고 핸드블렌더로 갈아 완성해요.

**TIP** 백태콩 삶은 물로 전체적인 농도를 조절해요.

## 렌틸콩 라구

라구는 재료를 잘게 다진 뒤 스톡과 함께 뭉근한 불에서 푹 끓인 소스인데 고기,
해산물, 생선, 채소 등을 활용할 수 있어요. 마치 고기를 넣은 것처럼 보이지만
저는 고기 못지않은 영양소를 지닌 렌틸콩을 넣어 비건 버전으로 만들었어요.
렌틸콩은 너무 오래 삶으면 모양이 으깨져 죽처럼 될 수 있으니 식감을 살려
조리하는 것이 중요해요.

### INGREDIENTS.

| | |
|---|---|
| 양파 | 1개 |
| 당근 | ½개 |
| 셀러리 | 1대 |
| 엑스트라 버진 올리브유 | 60g |
| 렌틸콩 | 200g |
| 레드 와인 | 50g |
| 채소 스톡 | 300g |
| 토마토소스 | 500g |
| 소금 | 약간 |

### RECIPE.

1. 양파와 당근, 셀러리는 잘게
   다져요.

   TIP 푸드 프로세서가 있다면 모든
   재료를 큼직하게 썰어 넣고
   조금씩 돌려가면서 잘게 다져요.

2. 팬에 엑스트라 버진 올리브유를
   두르고 다진 채소를 볶아요.

3. 30분 정도 불린 렌틸콩과 레드
   와인, 채소 스톡을 넣고 끓여요.

4. 렌틸콩이 부드럽게 익으면
   토마토소스를 넣고 소금으로
   간해 완성해요.

# LENTILS
# RAGOUT

바바 가누쉬는 구운 가지로 만드는 중동의 대표적인 디핑 소스예요. 아랍어로 '아버지'를 뜻하는 바바Baba와 '응석받이'라는 뜻의 가누쉬Ghanoush의 합성어로 이 소스를 한번 맛보면 그 맛 때문에 다른 음식을 거부하게 된다고 해 붙여진 이름이에요. 가지의 씨앗이 마치 캐비아 같다고 해서 '가난한 이들의 캐비아'라고도 불린답니다.

## INGREDIENTS.

| | |
|---|---|
| 가지 | 3개 |
| 타히니 | 15g |
| 레몬즙 | 1개 분량 |
| 다진마늘 | 5g |
| 이탈리안 파슬리 | 2g |
| 엑스트라 버진 올리브유 | 적당량 |
| 소금·후춧가루 | 약간씩 |

## RECIPE.

1. 필러로 가지의 껍질을 벗겨요.
2. 소금과 후춧가루, 엑스트라 버진 올리브유를 뿌린 뒤 170℃로 예열한 오븐에 20분간 구워요.
3. 볼에 모든 재료를 넣고 핸드블렌더로 갈아요.

# BABA

—— 바바 가누쉬 ——

# GHANOUSH

# PICKLES

로컬릿의 피클은 저염저당으로 만들어 샐러드처럼 계속 먹게 되는 매력이 있어요. 생으로 먹는 모든 채소로 만들 수 있으니 다양하게 응용해보세요. 먼저 참외 피클은 껍질째 만들어야 색감과 모양이 살아 있고 완성되었을 때 아삭함이 느껴져요. 펜넬과 굉장히 잘 어울리고요. 열무 피클은 열무 물김치와 비슷한데 레몬의 상큼함과 홍고추의 매콤함을 더했어요. 식감이 좋아 다른 피클보다 많이 먹게 된답니다. 콜리플라워 피클은 모양 그 자체로 비주얼이 고급스럽고요. 월계수 잎으로 은은한 향을 더했어요.

## INGREDIENTS.

### 참외피클
참외
펜넬

### 열무피클
열무
레몬
홍고추

### 콜리플라워피클
콜리플라워
월계수 잎

### 피클주스
| | |
|---|---|
| 물 | 10컵 |
| 식초 | 4컵 |
| 설탕 | 3컵 |
| 소금 | 2Ts |
| 피클링 스파이스 | 3Ts |

## RECIPE.

1. 냄비에 피클 주스 재료를 모두 넣고 끓인 뒤 식혀요.
2. 피클링 스파이스를 걸러 피클 주스를 만들어요.
3. 각각의 채소를 먹기 좋게 썰어 완전히 잠기도록 피클 주스를 붓고 뚜껑을 덮은 뒤 하루 동안 냉장실에서 숙성해요.

TIP 피클 주스를 차갑게 식힌 뒤 채소에 부어요. 뜨거운 피클 주스를 부으면 채소 본연의 색감과 식감이 사라지기 때문이에요.

# VEGETABLE STOCK

채소 스톡은 따뜻한 채소 요리를 만들 때 기본으로 사용하기 좋아요. 깔끔하고 담백해 어떤 요리와도 잘 어울리거든요. 남은 채소 스톡은 얼음틀에 담아 얼려 보관하는 것을 추천해요. 주로 가열하는 요리에 넣기 때문에 언 상태로 언제든 간편하게 쓸 수 있답니다.

## INGREDIENTS.

| | |
|---|---|
| 무 | ½개 |
| 당근 | 1개 |
| 대파 | 3대 |
| 양파 | 1개 |
| 건표고버섯 | 6개 |
| 물 | 5L |
| 셀러리 | 1대 |
| 마늘 | 5쪽 |
| 월계수 잎 | 6장 |
| 통후추 | 6알 |
| 화이트 와인 | 200ml |
| 다시마 | 10g |

## RECIPE.

1. 무는 5cm, 당근은 3cm 두께로 썰어요.
2. 대파는 겉잎을 제거하고 뿌리를 깨끗이 씻은 뒤 절반으로 썰어요.
3. 양파는 지저분한 겉잎을 제거하고 깨끗이 씻은 뒤 세로로 2등분해요.
4. 건표고버섯은 흐르는 물에 씻어 먼지나 이물질을 털어내요.
5. 냄비에 다시마를 제외한 모든 재료를 물과 함께 넣고 중불에서 60분간 끓여요.
6. 불에서 내려 물에 헹군 다시마를 넣고 10분간 우려요.
7. 채소와 다시마를 건지고 면포에 걸러요.
8. 차갑게 식힌 후 냉장실이나 냉동실에 보관해요.

TIP 잘 끓인 채소 스톡은 맑은 화이트 와인 빛깔이 나요. 너무 센 불에서 끓이거나 양파와 대파의 뿌리를 깨끗하게 씻지 않으면 스톡이 탁해질 수 있어요. 냉장실에서 7일간 보관 할 수 있으나 가능하면 3~4일 이내로 사용하세요.

# PART. 2

## WEEKDAY

바쁘다는 이유로 배달 음식이나 냉동식품,인스턴트식품으로 끼니를
해결하지는 않았나요? 하루 한 끼, 적어도 이틀에 한 끼 정도는 채소
요리로 식탁을 차려보세요. 몸과 마음이 한결 가벼워진답니다.
쉽고 간단하게 만들어 맛있고 건강하게 즐길 수 있는 요리를 소개해요.
재료 다듬고 만들어 먹고 치우는 데 그리 오래 걸리지 않아요.

# ITALIAN TOMATO SALAD

**H  B  V**

영어 에어룸<sup>Heirloom</sup>은 '가보家寶'를 의미해요. 종자 회사에서 씨앗을 사오는 것이 아니라 집안에서 대대손손 내려오는 가보처럼 직접 열매에서 씨를 받아 키우기 때문에 모양과 크기, 색깔, 맛이 제각각인 개성 만점의 토마토가 탄생된답니다. 최근에는 우리나라에서도 에어룸 토마토가 재배되기 시작해다양한 요리에 응용할 수 있게 되었어요. 정말 간단하지만 맛있게 먹을 수 있는 이탈리아식 토마토 샐러드를 소개합니다.

## INGREDIENTS.

| | |
|---|---|
| 에어룸 토마토 | 500g |
| 적양파 | 150g |
| 바질 | 2g |
| 샴페인 비니거 | 45g |
| 레몬즙 | 15g |
| 엑스트라 버진 올리브유 | 적당량 |
| 설탕·소금·후춧가루 | 약간씩 |

## RECIPE.

**1.** 에어룸 토마토는 0.3cm 두께가 되도록 가로 방향으로 슬라이스해요.

 에어룸 토마토 특유의 모양이 부각되고 과즙과 풍미도 더잘 느껴져요.

**2.** 적양파는 잘게 다지고, 바질은 채 썬 뒤 잘게 다져요.

**3.** ②와 샴페인 비니거, 레몬즙, 엑스트라 버진 올리브유, 설탕, 소금, 후춧가루를 섞어 드레싱을 만들어요.

**4.** 슬라이스한 토마토를 접시에 올린 뒤 드레싱을 뿌려 완성해요.

# VEGETABLES TARTINE

채소 타르틴

타르틴은 슬라이스한 빵에 다양한 토핑을
올려 완성하는 일종의 오픈 샌드위치예요.
저는 캄파뉴에 이 책에서 소개하는 요리
몇 가지를 올려 채소 타르틴을 만들었어요.
조합에는 정답이 없으니 여러 가지 요리를
활용해 나만의 채소 타르틴을 만들어보세요.

## INGREDIENTS.

| | |
|---|---|
| 캄파뉴(호밀빵) 슬라이스 | 1쪽 |
| 리코타 치즈 | 30g |
| 멜란자네 | 60g |
| 레드 캐비지 | 30g |
| 와일드 루콜라 | 2g |
| 바질 페스토 | 15g |

※ 멜란자네와 레드 캐비지 레시피는 160p와
    156p를 참고하세요.

## RECIPE.

1. 캄파뉴에 리코타 치즈를 발라요.

TIP 빵이 딱딱하게 굳었다면 버터를 두른 팬에
    살짝 구워요.

2. 멜란자네, 레드 캐비지 순으로 올리고
   와일드 루콜라와 바질 페스토를 뿌려
   완성해요.

TIP 입맛에 따라 마지막에 리코타 치즈를
    올려요. 다른 치즈를 사용해도 돼요.

# ROASTED VEGETABLES SALAD

통곡물 라이스와 구운 채소만 미리
만들어두면 언제든지 가벼운
한 끼 식사를 뚝딱 완성할 수 있어요.
다이어트 도시락이나 피크닉 메뉴로
추천! 다양한 재료와 드레싱으로
응용이 가능하고요. 채소를 구울
시간이 없다면 구운 채소 병절임을
사용해도 좋아요.

## INGREDIENTS.

| | |
|---|---|
| 단호박 | ¼개 |
| 고구마 | ½개 |
| 가지 | ½개 |
| 콜리플라워 | ¼개 |
| 당근 | ¼개 |
| 엑스트라 버진 올리브유 | 60g |
| 샐러드용 믹스 그린 | 60g |
| 다진 이탈리안 파슬리 | 1g |
| 통곡물 라이스 | 적당량 |
| 허브 머스터드 비네그레트 | 적당량 |
| 소금·후춧가루 | 약간씩 |

※ 통곡물 라이스 레시피는 106p를
참고하세요.

## RECIPE.

1. 단호박은 1cm, 고구마와 가지는
   1.5cm 두께로 썰어요.
2. 콜리플라워는 웨지 모양으로
   썰고 당근은 단호박과 비슷한
   길이로 썰어요.
3. 모든 채소를 오븐 팬에 올리고
   소금, 후춧가루, 엑스트라 버진
   올리브유를 뿌려 180℃로
   예열한 오븐에서 8분간 구워요.
4. 그릇에 믹스 그린과 구운 채소,
   통곡물 라이스를 담고
   다진 파슬리를 뿌려요.
5. 허브 머스터드 비네그레트를
   뿌려 완성해요.

# 그린빈 감자 샐러드

그린빈과 알감자의 조합은 언제나 옳아요. 제철 알감자는 잘 삶기만 해도 굉장히 맛있는데요. 이 요리의 포인트는 감자의 식감을 살리면서 부서지지 않게 삶는 것이에요. 통째로 삶아 완전히 식힌 뒤 썰어야 모양이 좋고요. 삶은 감자와 그린빈을 드레싱에 버무리기 전 소금과 후춧가루로 밑간을 하면 더 깊은 맛이 난답니다.

## INGREDIENTS.

| | |
|---|---|
| 그린빈 | 200g |
| 알감자 | 1kg |
| 사워크림(또는 플레인 요거트) | 적당량 |
| 홀그레인머스터드·레몬즙 | 적당량 |
| 엑스트라 버진 올리브유 | 적당량 |
| 소금·후춧가루 | 약간씩 |

## RECIPE.

1. 그린빈은 꼬투리를 제거하고 끓는 소금물에 데친 뒤 얼음물에 재빨리 식혀요.

2. 물기를 뺀 뒤 절반으로 어슷하게 썰어요.

TIP 사선으로 썰어야 그린빈 안쪽까지 간이 배어들어 더 맛있어요.

3. 알감자는 소금을 넣은 물에 처음부터 넣고 익힌 뒤 완전히 식혀 반으로 썰어요.

TIP 손으로 눌렀을 때 부드럽게 들어갈 정도로 삶은 뒤 물에 헹구지 않고 그대로 식히면서 잔열로 한번 더 익혀요.

4. 볼에 그린빈과 삶은 감자를 넣고 소금, 후춧가루로 밑간해요.

5. 사워크림과 홀그레인머스터드, 레몬즙, 엑스트라 버진 올리브유를 넣고 가볍게 버무려 완성해요.

# GREEN BEAN POTATO SALAD

열무 샐러드

# YOUNG RADISH SALAD

저는 통통한 열무 줄기의 아삭한 식감을 정말 좋아해요. 그래서 열무를 볶아
따뜻한 샐러드를 만들어봤어요. 중국 요리인 공심채볶음에서 영감을 받았죠.
열무가 너무 숨이 죽지 않도록 센 불에서 재빨리 볶는 것이 포인트!
여기에 견과류와 파르미지아노레지아노 치즈를 듬뿍 뿌리면 고소하면서도
짭짤한 맛이 입맛을 당기게 해요.

## INGREDIENTS.

| | |
|---|---|
| 열무 | 200g |
| 해바라기씨 | 30g |
| 다진 마늘 | 5g |
| 버터 | 15g |
| 허브 머스터드 비네그레트 | 30g |
| 파르미지아노레지아노 치즈 | 5g |
| 래디시 | 2개 |
| 엑스트라 버진 올리브유 | 적당량 |

## RECIPE.

1. 열무는 잘게 썰고 해바라기씨는 마른 팬에 구워요.
2. 다른 팬에 엑스트라 버진 올리브유를 두르고 다진 마늘을 볶아요.
3. 열무를 넣고 센 불에서 빠르게 볶아요.
4. 버터를 넣고 섞은 뒤 불에서 내려요.
5. 접시에 볶은 열무를 담고 구운 해바라기씨와 허브 머스터드 비네그레트를 뿌려요.
6. 필러로 얇게 슬라이스한 파르미지아노 레지아노 치즈를 올려요.
7. 얇게 슬라이스한 래디시를 찬물에 담가 살린 뒤 올려 완성해요.

# CARROT

H B V

얇게 채 썬 당근으로 만드는 초간단 샐러드예요. 서양식 당근 생채라고 생각하면
돼요. 그 자체로 하나의 요리가 되기보다는 다른 요리에 곁들여 먹기 좋은 프레시한
피클 같은 느낌이에요. 어떤 요리와도 잘 어울리고 입맛을 살려주는 색감과 식감,
맛 덕분에 생각만 해도 침샘을 자극한답니다. 오렌지주스는 직접 짜서 과육이 살아
있는 것이 좋고요. 오렌지 대신 귤이나 한라봉 등을 사용해도 돼요.

## INGREDIENTS.

| | |
|---|---|
| 당근 | 330g |

**드레싱**

| | |
|---|---|
| 오렌지주스 | 50g |
| 디종 머스터드 | 10g |
| 레몬즙 | 30g |
| 엑스트라 버진 올리브유 | 50g |
| 소금·후춧가루 | 약간씩 |

## RECIPE.

1. 당근은 채칼로 얇게 채 썰어요.

TIP 채칼이 없다면 칼로 얇게 채
썰어도 좋아요. 강판이나 필러를
사용해도 되고요.

2. 볼에 채 썬 당근과 드레싱 재료를
모두 넣고 버무려 완성해요.

TIP 열탕 소독한 병이나 밀폐용기에
담아 냉장 보관하면 오랫동안
즐길 수 있어요.

# RAPPE

# SUPER GRAIN SALAD

이름 그대로 몸에 좋은 곡물로
만든 샐러드예요. 특히 퀴노아는
탄수화물, 단백질, 무기질, 비타민,
지방 등 5대 영양소를 비롯해 58가지
영양소가 가득한 슈퍼 푸드랍니다.
어떤 재료와 조합해도 맛과 식감이
잘 어울려 즐겨 쓰고 있어요.
포만감이 높아 한 끼 식사로도
손색없어요.

## INGREDIENTS.

| | |
|---|---|
| 보리 | 50g |
| 백태콩 | 30g |
| 녹두 | 30g |
| 퀴노아 | 20g |
| 그린빈 | 60g |
| 방울토마토 | 5개 |
| 허브 머스터드 비네그레트 | 60g |
| 와일드 루콜라 | 5g |

## RECIPE.

1. 보리와 백태콩, 녹두는 충분히
   불린 뒤 각각 삶아요. 끓는 물에
   넣고 보리는 25분, 백태콩은
   30분, 녹두는 15분간 삶으면
   돼요.

   **TIP** 식었을 때 조금 더 딱딱해질 수
   있으니 부드럽게 씹힐 정도의
   식감으로 삶아요.

2. 퀴노아는 끓는 물에 3분 30초간
   삶은 뒤 체에 건져 헹구지 말고
   그대로 펼쳐 식혀요.

   **TIP** 물에 헹구지 않고 그대로 식혀야
   식었을 때 식감이 좋아요.

3. 그린빈은 먹기 좋은 크기로 썰어
   끓는 소금물에 데친 뒤 얼음물에
   담가 재빨리 식혀요.

   **TIP** 엽록소 파괴를 막고 맛과 식감을
   살릴 수 있는 방법이에요.

4. 방울토마토는 반으로 썰어요.

5. 볼에 곡물과 채소, 허브 머스터드
   비네그레트를 넣고 가볍게
   버무려요.

6. 접시에 담고 와일드 루콜라를
   올려 완성해요.

## 비트 샐러드

비트는 몸에 좋은 컬러 푸드의 대명사예요. 강렬한 붉은색과 떫은맛 때문에 호불호가 생길 수 있어요. 하지만 잘 익은 비트의 자연스러운 단맛과 식감을 경험하게 된다면 비트 마니아가 될 확률이 높아요. 생으로 먹었을 때 은은한 단맛이 나고 아삭한 식감과 수분감이 느껴지는 비트를 고르세요. 비트를 구워 샐러드를 만들 때는 너무 푹 익어 무른 식감보다는 어느 정도 아삭함이 살아 있는 것이 좋아요. 박하잎이나 민트처럼 톡 쏘는 허브를 곁들이면 샐러드의 맛이 살아나요.

### INGREDIENTS.

| | |
|---|---|
| 비트 | 600g |
| 발사믹 비니거 | 50g |
| 꿀 | 15g |
| 디종 머스터드 | 15g |
| 박하잎 | 2g |
| 해바라기씨 | 30g |
| 엑스트라 버진 올리브유 | 적당량 |
| 소금·후춧가루 | 약간씩 |

### RECIPE.

1. 비트는 사방 1.5cm 주사위 모양으로 썰어요.
2. 오븐 팬에 주사위 모양으로 썬 비트를 깔고 발사믹 비니거와 소금, 후춧가루, 꿀, 엑스트라 버진 올리브유를 뿌려요.
3. 170℃로 예열한 오븐에서 15분간 구운 뒤 식혀요.
4. 볼에 담고 디종 머스터드와 잘게 썬 박하잎, 엑스트라 버진 올리브유를 넣어 가볍게 버무려요.
5. 접시에 담고 구운 해바라기씨를 뿌려 완성해요.

 **TIP** 해바라기씨 대신 좋아하는 견과류를 사용해도 좋아요. 곶감이나 건살구, 건자두, 건무화과 같은 말린 과일과도 아주 잘 어울려요.

# H B BEETROOT

**SALAD**

우리에게 쌀은 주식이기 때문에 차가운 샐러드로 먹는 게 조금 어색하죠? 하지만 외국에서는 건강과 다이어트를 위한 샐러드 재료로 많이 활용해요. 찰흑미,채소,유자청, 허브 머스터드 비네그레트의 맛과 식감이 조화를 이뤄 가벼운 한 끼 식사로 즐기기 좋답니다. 냉장 보관한 뒤 먹을 때는 전자레인지에 살짝 돌려 부드럽게 씹히는 맛을 살리는 것을 추천해요.

─── 흑미 샐러드 ───

# BLACK
# RICE
# SALAD

**D** **1** **V**

## INGREDIENTS.

| | |
|---|---|
| 찰흑미 | 350g |
| 유자청 | 5g |
| 허브 머스터드 비네그레트 | 60g |
| 말린 토마토 | 75g |
| 방울양배추 | 50g |
| 소금·설탕 | 약간씩 |

## RECIPE.

1. 찰흑미는 30분 정도 물에 불린 뒤 압력솥에 소금, 설탕과 함께 넣어 밥을 짓고 넓은 팬에 펼쳐 식혀요.

2. 유자청은 잘게 다져요.

   TIP 유자청은 오렌지 마멀레이드, 레몬청 등과 같이 단맛과 신맛이 함께 나는 재료로 대체 가능해요.

3. 식은 흑미밥에 허브 머스터드 비네그레트와 유자청, 말린 토마토를 넣고 버무려요.

4. 방울양배추는 겉잎만 따서 끓는 소금물에 살짝 데쳐요.

   TIP 데친 그린빈이나 브로콜리를 사용해도 좋아요.

5. 접시에 흑미 샐러드와 방울양배추를 함께 담아 완성해요.

   TIP 바삭하게 튀긴 연근이나 채소 칩을 곁들이면 식감이 더욱 풍성해져요.

부라타 치즈 샐러드

# BURRATA CHEESE SALAD

부라타는 이탈리아로 '버터 같은'을 뜻하며 모차렐라 치즈에 진한 크림을
더해 식감이 아주 부드러워요. 누구나 좋아하고 언제 어디서나 간단하게
즐길 수 있는 최고의 재료랍니다. 겉이 터지거나 모양이 찌그러지지 않은
것으로 골라야 잘랐을 때 속이 크리미하고 부드러워요. 잘 익은 토마토와
퀄리티 좋은 올리브유만 더해도 근사한 요리가 완성되는데요. 이때
엑스트라 버진 올리브유를 듬뿍 뿌려주는 것이 매우 중요해요.
여기에 프로슈토나 살라미, 올리브처럼 짭짤한 재료를 더해도 잘 어울려요.

## INGREDIENTS.

| | |
|---|---|
| 방울토마토 | 250g |
| 부라타 치즈 | 120g |
| 와일드 루콜라 | 30g |
| 바질 | 2g |
| 엑스트라 버진 올리브유 | 적당량 |
| 소금·후춧가루 | 약간씩 |

## RECIPE.

1. 방울토마토는 반으로 썰어 접시에
   담고 부라타 치즈와 와일드 루콜라를
   곁들여요.

2. 방울토마토와 와일드 루콜라에
   소금과 후춧가루를 살짝 뿌려요.

   **TIP** 재료에 뿌리는 약간의 소금과
   후춧가루는 아주 사소하지만
   전체적인 맛의 풍미를 끌어올리는
   역할을 해요.

3. 엑스트라 버진 올리브유를
   전체적으로 듬뿍 뿌리고 바질을 올려
   완성해요.

# POACHED EGG MUSHROOM SALAD

수란과 버섯이 어우러진 영양 만점 샐러드예요. 빵 한 조각만 곁들이면 훌륭한 아침 식사가 돼요. 담백한 맛과 부드러운 식감이 매력적인 수란은 만들기 어렵고 귀찮을 수도 있지만 몇 번만 해보면 금방 익숙해져요. 요리가 어렵다고 생각할 수 있지만 일단 도전해보는 자세가 가장 중요합니다. 그리고 성취감을 느껴보세요. 그러다 보면 자연스럽게 요리에 대한 자신감이 생길 거예요.

## INGREDIENTS.

| | |
|---|---|
| 양파 | ½개 |
| 표고버섯 | 250g |
| 백만송이버섯 | 150g |
| 발사믹 비니거 | 30g |
| 달걀 | 2개 |
| 이탈리안파슬리 | 적당량 |
| 엑스트라버진올리브유 | 적당량 |
| 소금·후춧가루 | 약간씩 |

### 수란삶는물

| | |
|---|---|
| 물 | 1L |
| 소금 | 5g |
| 식초 | 15g |

## RECIPE.

1. 양파는 곱게 다지고 표고버섯은 0.3cm 두께로 슬라이스해요. 백만송이버섯은 밑동을 제거한 뒤 먹기 좋게 뜯어요.

2. 팬에 엑스트라버진 올리브유를 두르고 다진 양파를 볶아요.

3. 손질한 버섯을 넣고 센 불에서 볶다가 발사믹 비니거와 소금, 후춧가루로 간해요.

4. 이탈리안 파슬리는 거칠게 다져요.

5. 냄비에 물과 소금, 식초를 넣고 80℃가 될 때까지 끓인 뒤 중불로 줄여요.

6. 달걀을 종지에 깨뜨린 뒤 조심스럽게 물에 넣고 2분 30초 동안 익혀요.

7. 접시에 ③을 담고 수란을 올린 뒤 다진 이탈리안 파슬리를 뿌려 완성해요.

## INGREDIENTS.

| | |
|---|---|
| 백태콩 | 30g |
| 병아리콩 | 30g |
| 찰보리 | 30g |
| 대파 흰 부분 | ½대 |
| 방울토마토 | 4개 |
| 그린빈 | 30g |
| 근대잎 | 2장 |
| 알감자 | 3개 |
| 주키니 슬라이스 | 4장 |
| 채소 스톡 | 1.5L |
| 토마토소스 | 150g |
| 엑스트라 버진 올리브유 | 적당량 |
| 소금·후춧가루 | 약간씩 |

## RECIPE.

1. 백태콩과 병아리콩, 찰보리는 2시간 이상 물에 불려요.
2. 대파는 반으로 가른 뒤 2cm 길이로 썰고, 방울토마토는 반으로 썰어요.
3. 그린빈은 1.5cm 길이로 썰고, 근대잎은 3cm 크기로 썰어요.
4. 불린 백태콩과 병아리콩은 30분, 찰보리는 20분간 삶아요.
5. 알감자는 반으로 썰어 크기에 따라 10~15분간 삶아요.

**TIP** 재료마다 익는 시간이 달라 각각 익힌 뒤 마지막에 함께 넣고 끓여야 곡물의 모양을 살릴 수 있어요.

6. 채소 스톡에 토마토소스와 방울토마토를 넣고 끓이다가 소금으로 간을 맞춰요.
7. 익힌 곡물과 나머지 채소를 넣고 끓여요.
8. 그릇에 담고 후춧가루와 엑스트라 버진 올리브유를 뿌려 완성해요.

통곡물 미네스트로네

# WHOLE GRAIN MINESTRONE

이탈리아 채소 수프인 미네스트로네에 통곡물을 넣었더니 든든한 한 끼 식사가 되었어요. 씹는 맛이 풍부해지도록 채소를 큼직하게 썰어 넣었고요. 따끈한 국물과 통곡물, 채소의 조합이라 자주 먹어도 질리지 않는답니다. 다양한 채소와 곡물로 응용해 나만의 미네스트로네를 만들어보세요.

# AVOCADO
# SALAD

아보카도 샐러드에서 가장 중요한 것은 잘 익은 아보카도를 사용하는 것이에요. 익지 않은 아보카도는 떫은맛이 나고 식감도 단단한데요. 잘 익은 아보카도는 식감이 버터처럼 부드럽고 맛도 크리미해요. 아보카도를 '숲속의 버터'라고 부르는 이유죠. 이 샐러드는 잘 익은 아보카도와 병아리콩이 주재료인데요. 저는 약간의 채소와 크러시드 레드 페퍼를 더해 포인트를 줬어요. 먹기 전에 레몬이나 라임즙을 아보카도 위에 한 번 더 뿌리면 더욱 맛있답니다.

## INGREDIENTS.

| | |
|---|---|
| 아보카도 | 1개 |
| 병아리콩 | 150g |
| 치커리 | 30g |
| 적양파 | ¼개 |
| 디종 머스터드 | 15g |
| 레몬즙 | 30g |
| 메이플 시럽 | 30g |
| 엑스트라 버진 올리브유 | 80g |
| 크러시드 레드 페퍼 | 2g |
| 파프리카 파우더 | 2g |
| 소금·후춧가루 | 약간씩 |

## RECIPE.

1. 아보카도는 씨와 껍질을 제거한 뒤 주사위 모양으로 썰어요.

**TIP** 아보카도는 세로로 칼집을 낸 뒤 두 손으로 잡고 비틀어 반으로 갈라요. 씨에 칼날을 꽂고 살짝 비틀면 쉽게 빠져요.

2. 병아리콩은 물에 3시간 이상 불린 뒤 끓는 소금물에 30분간 삶아요.

3. 치커리는 잘게 썰고 적양파는 주사위 모양으로 썰어요.

4. 볼에 모든 재료를 넣고 버무려 완성해요.

## 퀴노아 샐러드

대표적인 슈퍼 곡물 중 하나인 퀴노아를 넣은 샐러드로 비건
식단을 하는 분들에게 추천해요. 구운 파프리카와 옥수수로
맛과 식감을 다채롭게 만들고 병아리콩을 더해 포만감을
채웠어요. 숟가락으로 쉽게 떠먹을 수 있어 도시락이나 피크닉
메뉴로도 좋아요.

## INGREDIENTS.

| | |
|---|---|
| 퀴노아 | 150g |
| 병아리콩 | 100g |
| 구운 파프리카 | 1개 |
| 통로메인 | 30g |
| 스위트콘 | 60g |
| 말린 토마토 | 30g |
| 허브 머스터드 비네그레트 | 60g |
| 엑스트라 버진 올리브유 | 적당량 |
| 소금 | 약간 |

## RECIPE.

1. 퀴노아는 찬물에 넣어 8분간 삶고, 병아리콩은 물에 3시간 이상
   불린 뒤 30분간 삶아요.

2. 파프리카는 반으로 썰어 씨를 제거하고 소금과 엑스트라 버진
   올리브유를 뿌려요.

3. 190℃로 예열한 오븐에서 10분간 구워 식힌 뒤 껍질을 벗기고
   주사위 모양으로 썰어요.

4. 통로메인은 찬물에 담가 아삭하게 살린 뒤 주사위 모양으로 썰어요.

TIP 양상추나 양배추도 잘 어울려요.

5. 볼에 모든 재료를 넣고 골고루 섞어 완성해요.

QUINOA

**SALAD**

초당옥수수 수프

# SWEET CORN

제철 재료를 기다려서 먹는다는 것은 맛집에 줄 서서 먹는 것처럼 설레고 기분 좋은 일이라 생각해요. 농업 기술의 발달로 제철이 사라진 재료도 많지만 초당옥수수처럼 한철에 잠깐 나오는 재료를 먹어야 그 계절을 잘 보냈다고 할 수 있겠죠? 초당옥수수는 그냥 먹어도 될 정도로 아삭한 식감과 달콤한 맛이 일품인데요. 수프를 끓이면 얼마나 더 맛있을지 상상해보세요!

## INGREDIENTS.

| | |
|---|---|
| 양파 | ½개 |
| 대파 흰 부분 | 1대 |
| 초당옥수수(옥수수 알) | 200g |
| 당근 | 80g |
| 너트맥 | 1g |
| 터메릭 파우더 | 1g |
| 채소 스톡 | 1L |
| 버터 | 30g |
| 생크림 | 200g |
| 소금 | 5g |
| 엑스트라 버진 올리브유 | 적당량 |
| 가니시용 초당 옥수수 알 | 적당량 |

## RECIPE.

1. 양파와 대파 흰 부분은 잘게 썰어요.

**TIP** 대파 흰 부분이 없다면 양파의 양을 늘려요.

2. 초당옥수수는 껍질을 벗긴 뒤 알맹이만 털어 준비해요.

3. 당근은 껍질을 벗겨 얇게 슬라이스해요.

**TIP** 당근이 초당옥수수 수프의 색감을 더 밝고 진하게 만들어요.

4. 팬에 엑스트라 버진 올리브유를 두른 뒤 모든 채소를 넣고 숨이 죽을 정도로 볶아요.

5. 나머지 재료들을 넣고 푹 끓인 뒤 블렌더에 곱게 갈아요.

6. 그릇에 담은 뒤 가니시용 옥수수 알을 올리고 엑스트라 버진 올리브유를 뿌려 완성해요.

H B

SOUP

# MUSHROOM

가을 하면 떠오르는 메뉴 중 하나인 버섯 수프는 누구나 좋아할 만한
영양식이에요. 다른 수프보다 거칠게 가는 것이 포인트! 저는 버섯 향이 더 많이
퍼지고 씹히는 식감이 느껴지는 게 좋거든요. 물론 부드러운 식감이 좋다면 곱게
갈아도 괜찮아요. 먹고 나면 의외로 든든하고 속도 편해 아침 식사 대용으로
추천해요.

## INGREDIENTS.

| | |
|---|---|
| 표고버섯 | 150g |
| 양송이버섯 | 200g |
| 느타리버섯 | 100g |
| 양파 | 1개 |
| 대파 흰 부분 | 1대 |
| 타임 | 2g |
| 비건 버섯 뒥셀 | 5g |
| 채소 스톡 | 적당량 |
| 다진 이탈리안 파슬리 | 약간 |
| 엑스트라 버진 올리브유 | 약간 |

※ 비건 버섯 뒥셀 레시피는 22p를
   참고하세요.

## RECIPE.

1. 표고버섯과 양송이버섯은
   슬라이스하고, 느타리버섯은
   손으로 찢어요.
2. 다진 양파와 대파 흰 부분은
   엑스트라 버진 올리브유를
   두른 팬에 넣고 충분히 볶아요.
3. 손질한 버섯과 타임을 넣고
   볶다가 채소 스톡을 넣고 푹
   끓여요.
4. 블렌더로 거칠게 간 뒤 그릇에
   담아요.
5. 버섯 뒥셀을 올리고 다진
   파슬리와 엑스트라 버진
   올리브유를 뿌려 완성해요.

S

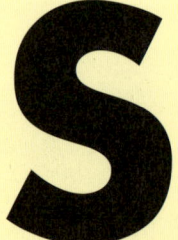

OUP

# VICHYSSOISE

비시수아즈는 차갑게 먹는 프랑스식
감자 수프예요. 보통 감자와 대파
흰 부분을 볶다가 채소 스톡을
넣고 끓이는데요. 저는 셀러리와
양배추를 넣어 향과 단맛을
더했어요. 되직한 농도보다 묽은
농도가 먹기 편하답니다.

## INGREDIENTS.

| | |
|---|---|
| 대파 흰 부분 | 1대 |
| 셀러리 | ½대 |
| 양배추 | 120g |
| 감자 | 450g |
| 버터 | 50g |
| 채소 스톡 | 2L |
| 그라나파다노 치즈 | 30g |
| 생크림 | 150g |
| 캉파뉴 슬라이스 | 1쪽 |
| 엑스트라 버진 올리브유 | 적당량 |
| 다진 이탈리안 파슬리 | 약간 |
| 소금 | 약간 |

## RECIPE.

1.  대파 흰 부분과 셀러리,
    양배추는 잘게 썰고 감자는 얇게
    슬라이스해요.
2.  냄비에 버터와 엑스트라 버진
    올리브유를 두르고 채소를
    볶아요.
3.  채소 스톡을 붓고 그라나파다노
    치즈를 갈아 넣은 뒤 채소가
    부드럽게 익을 때까지 30분 정도
    끓여요.
4.  생크림을 넣고 소금으로 간해요.
5.  블렌더에 곱게 간 뒤 차갑게
    식혀요.
6.  그릇에 담고 다진 파슬리를
    뿌린 뒤 생크림과 엑스트라 버진
    올리브유로 장식해요.
7.  구운 캉파뉴 슬라이스를 곁들여
    완성해요.

# ROASTED VEGETABLE SANDWICH

구운 채소 병절임만 있으면 쉽고
빠르게 만들 수 있는 샌드위치예요.
채소를 빠르고 간편하게 또 많이
먹을 수 있는 방법 중 하나죠.
다양한 빵과 스프레드로 응용이
가능하고요. 샐러드를 곁들이거나
약간의 채소 피클을 더해 입맛을
돋울 수도 있어요.

## INGREDIENTS.

| | |
|---|---|
| 치아바타 | 1개 |
| 사워크림 | 60g |
| 바질 페스토 | 45g |
| 구운 채소 병절임 | 250g |
| 채소 피클 | 50g |
| 와일드 루콜라 | 적당량 |

※ 구운 채소 병절임 레시피는
　20p를 참고하세요.

## RECIPE.

1. 치아바타를 반으로 가른 뒤
   오븐이나 토스트에 가볍게
   구워요.

TIP 빵이 나온 지 얼마 안 되어
　　부드럽다면 굳이 구울 필요는
　　없어요. 오히려 구웠을 때 너무
　　딱딱해지지 않게 주의해요.

2. 구운 치아바타 안쪽에
   사워크림과 바질 페스토를
   발라요.

TIP 사워크림 대신 마요네즈,
　　크림치즈, 리코타 치즈를
　　사용해도 돼요.

3. 구운 채소 병절임, 와일드
   루콜라 순으로 올린 뒤 빵 뚜껑을
   덮어요.

TIP 루콜라를 구하기 어렵다면 다른
　　샐러드 채소로 대체하세요.

4. 반으로 잘라 접시에 담고 채소
   피클을 곁들여 완성해요.

# MUSHROOM ASPARAGUS SANDWICH

비건 버섯 뒤셀만 있으면 쉽게 만들 수 있는 샌드위치예요.
아스파라거스의 아삭한 식감과 버섯의 풍미, 녹진하게 녹은 그뤼에르
치즈가 정말 잘 어울린답니다. 비건이라면 버터 대신 올리브유를,
그뤼에르 치즈 대신 백태콩 후무스를 사용하세요.

## INGREDIENTS.

| | |
|---|---|
| 캄파뉴 또는 사워도우 슬라이스 | 2쪽 |
| 아스파라거스 | 4개 |
| 그뤼에르 치즈 | 30g |
| 비건 버섯 뒤셀 | 60g |
| 버터·소금 | 약간씩 |

※비건 버섯 뒤셀 레시피는 22p를 참고하세요.

## RECIPE.

1. 빵은 버터를 두른 팬에 노릇하게 굽고 아스파라거스는 소금물에
   데친 뒤 살짝 구워요.
   **TIP** 어린 아스파라거스는 데치지 않고 바로 구워도 좋아요. 두꺼운
   아스파라거스는 필러로 껍질을 살짝 벗기고 한번 데친 뒤 구워요.
2. 그뤼에르 치즈는 얇게 슬라이스해요.
3. 빵에 버섯 뒤셀을 바르고 아스파라거스와 그뤼에르 치즈를 올려요.
4. 오븐이나 토스터에 치즈가 녹을 정도로 구워 완성해요.
   **TIP** 파니니 기계가 있다면 빵을 토스트할 필요 없이 기계에 넣고 누르기만
   하면 돼요. 겉은 바삭하고 내용물도 흘러내리지 않는답니다.

# CUCUMBER SANDWICH

## INGREDIENTS.

| | |
|---|---|
| 오이 | ½개 |
| 브리오슈 슬라이스 | 2쪽 |
| 크림치즈 | 60g |
| 토마토잼 | 60g |
| 소금·후춧가루 | 약간씩 |

## RECIPE.

1. 오이는 채칼 또는 필러로 얇게 슬라이스해요.
2. 브리오슈에 크림치즈를 얇게 발라요.

TIP 브리오슈가 없다면 식빵을 사용해도 돼요. 구운 지 오래된 마른 식빵이나 구운 식빵보다는 갓 나와 부드러운 식빵이 더 잘 어울려요.

3. 토마토잼을 바르고 슬라이스한 오이를 올린 뒤 소금과 후춧가루를 살짝 뿌려 완성해요.

### 토마토잼

**재료**

| | |
|---|---|
| 껍질 벗긴 완숙 토마토 | 1kg |
| 설탕 | 100g |
| 올리고당 | 50g |
| 레몬즙 | 1개 분량 |

1. 완숙 토마토는 꼭지 부분을 파낸 뒤 뜨거운 물에 데쳐 껍질을 벗겨요.
2. 손으로 으깬 뒤 나머지 재료와 함께 냄비에 넣고 수분이 날아갈 때까지 졸여 완성해요.

오이는 호불호가 있는 채소지만 오이 마니아라면 열광할 수밖에 없는 오픈 샌드위치예요. 아주 심플하면서 기대 이상의 맛이 있거든요. 오이와 토마토잼이 의외로 정말 잘 어울리는데요. 토마토잼을 만들지 못했다면 딸기잼으로 대신해도 괜찮아요.

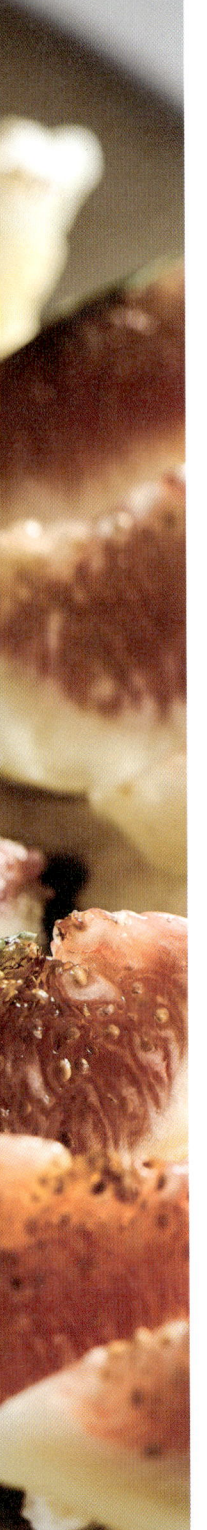

# FIG

# BRUSCHETTA

저는 무화과를 참 좋아해요. 계절 과일이기도 하지만 무화과만이 가진 매력이 있거든요. 과일임에도 엄청 달지 않고 요리에 쓰기 좋은 비주얼과 재미 있는 식감, 맛까지 갖췄죠. 요즘에는 청무화과나 흑무화과도 나와 더 많은 요리와 디저트에 응용할 수 있게 되었어요. 무화과는 잘 익어 말랑하고 껍질이 얇으면서 속이 빨간 것이 맛있고요. 만져봤을 때 딱딱한 무화과는 후숙이 필요하니 조금만 더 기다렸다가 만들어 드세요.

무화과 브루스케타는 바게트에 부드러운 치즈를 듬뿍 바른 뒤 잘 익은 무화과만 올리면 완성되는 초간단 메뉴예요. 노화가 진행된 바게트를 다시 오븐에 구우면 딱딱해져 전체적인 맛과 식감의 밸런스가 무너져요. 겉은 바삭하면서 속은 촉촉한 바게트를 사용하는 것이 포인트예요.

## INGREDIENTS.

| | |
|---|---|
| 무화과 | 2개 |
| 바게트 슬라이스 | 2쪽 |
| 리코타 치즈 | 60g |
| 꿀 | 15g |
| 엑스트라 버진 올리브유 | 30g |
| 바질 | 약간 |

## RECIPE.

1. 무화과는 껍질을 벗겨 6등분해요.
2. 바게트에 리코타 치즈를 바르고 무화과를 올려요.
3. 무화과 위에 꿀을 뿌리고 바질을 올려요.
4. 엑스트라 버진 올리브유를 골고루 뿌려 완성해요.

# POMODORO PASTA

포모도로는 이탈리아어로 '토마토'란 뜻이에요. 토마토를 베이스로 하는 심플한 파스타인만큼 잘 익은 방울토마토와 신선한 바질, 좋은 엑스트라 버진 올리브유를 사용하는 것이 중요해요. 토마토소스와 채소 스톡, 면수를 졸여 면에 잘 묻어나도록 조리해야 하는데요. 소스를 제대로 졸이지 않아 접시에 담았을 때 물기가 흘러나오면 면과 잘 버무려지지 않으니 주의하세요. 그리고 소스와 면의 비율은 1대 1 정도가 적당해요.

## INGREDIENTS.

| | |
|---|---|
| 방울토마토 | 4개 |
| 스파게티 | 150g |
| 토마토소스 | 150g |
| 채소 스톡 | 120g |
| 면수 | 60g |
| 버터 | 10g |
| 리코타 치즈 | 5g |
| 바질 | 1g |
| 엑스트라 버진 올리브유 | 적당량 |

※ 토마토소스 레시피는 24p를
　참고하세요.

### 파스타 삶는 물

| | |
|---|---|
| 물 | 1L |
| 소금 | 11g |

## RECIPE.

1. 방울토마토는 절반으로 썰어요.
2. 냄비에 물과 소금을 넣고 끓으면 스파게티를 4분 30초간 삶은 뒤 체에 건져 물기를 빼요.
   **TIP** 이때 면수는 조금 남겨두었다가 파스타 농도와 간을 맞출 때 사용해요.
3. 넓은 트레이로 옮겨 엑스트라 버진 올리브유를 뿌린 뒤 식혀요.
4. 팬에 방울토마토와 토마토소스, 채소 스톡, 면수를 넣고 끓여요.
5. 삶은 스파게티를 넣고 소스가 자작해질 때까지 끓여요.
6. 버터를 넣고 가볍게 돌리듯 버무려요.
   **TIP** 비건이라면 버터 대신 올리브유로 마무리해요. 마지막에 넣는 버터나 오일은 소스가 면에 잘 달라붙을 수 있도록 유화시켜주는 역할을 하기 때문에 아주 중요해요.
7. 접시에 담고 리코타 치즈와 바질을 올려 완성해요.

# GENOVESE PASTA

제노베제는 '제노바식'
이라는 뜻인데요. 페스토 알라
제노베제라고 하면 바질 페스토를
의미해요. 차갑게 먹는 샐러드 같은
파스타고요. 너무 차가운 것보다는
약간 식은 듯한 온도가 좋아요.
마지막에 면수와 엑스트라 버진
올리브유로 잘 버무려주는 것이
정말 중요해요.

## INGREDIENTS.

| | |
|---|---|
| 스파게티니 | 100g |
| 그린빈 | 30g |
| 바질 페스토 | 70g |
| 엑스트라 버진 올리브유 | 적당량 |
| 면수 | 적당량 |
| 소금 | 약간 |

※ 바질 페스토 레시피는 16p를
   참고하세요.

### 파스타 삶는 물

| | |
|---|---|
| 물 | 1L |
| 소금 | 11g |

## RECIPE.

1. 냄비에 물과 소금을 넣고 끓으면
   스파게티니를 6분간 삶아요.
2. 체에 건져 물기를 뺀 뒤 볼에
   담고 엑스트라 버진 올리브유를
   가볍게 뿌려요.
3. 그린빈은 사선으로 어슷하게
   슬라이스해 끓는 소금물에
   1분간 데쳐요.
   TIP 어슷하게 슬라이스하면 소스가
   더 잘 배어들어요.
4. 볼에 모든 재료를 넣고 골고루
   버무려 완성해요.
   TIP 면수와 엑스트라 버진
   올리브유를 한 스푼씩 넣고
   가볍게 돌리듯 버무리면
   면에 페스토가 촉촉하게 잘
   달라붙어요.

# VEGAN

# SHEPHERD'S PIE

건강한 비건 오븐 요리예요. 코티지
파이<sup>Cottage pie</sup>라고도 부르는 셰퍼드 파이는
영국인들의 소울 푸드 중 하나라고 해요.
셰퍼드는 '양치기'라는 의미로 다진 양고기를
사용하는 것이 일반적인데요. 저는 양고기를
렌틸콩 라구로 대신했어요. 부드러운
매시트 포테이토와 진한 맛의 렌틸콩 라구의
조화를 느껴보세요.

## INGREDIENTS.

| | |
|---|---|
| 감자 | 2개 |
| 두유 | 150g |
| 타히니 | 5g |
| 소금 | 2g |
| 렌틸콩 라구 | 200g |
| 엑스트라 버진 올리브유 | 15g |
| 다진 이탈리안 파슬리 | 약간 |

※ 렌틸콩 라구 레시피는 28p를 참고하세요.

## RECIPE.

1. 감자는 껍질을 벗긴 뒤 잘라 삶아요.
2. 뜨거운 상태에서 으깬 뒤 두유와 타히니,
   소금을 섞어 매시트 포테이토를 만들어요.
3. 오븐용 그라탱 용기에 렌틸콩 라구를
   깔아요.
4. 매시트 포테이토를 올린 뒤 포크로 긁어
   무늬를 내요.
5. 160℃로 예열한 오븐에서 25분간 구워요.
6. 엑스트라 버진 올리브유와 다진 파슬리를
   뿌려 완성해요.

# YOUNG RADISH PASTA

아삭한 열무의 식감을 살린 오레키에테 파스타예요. 동글동글 귀여운 모양의
오레키에테<sup>Orecchiette</sup>는 이탈리아어로 '귓불'이라는 뜻인데요. 푹 파인 안쪽 면에
소스가 고여 좀 더 깊은 풍미를 느낄 수 있어요. 올리브유를 베이스로 안초비와
초리소, 그린 올리브를 넣은 소스의 짭짤한 감칠맛이 매력적이에요.

## INGREDIENTS.

| | |
|---|---|
| 오레키에테 | 120g |
| 엑스트라버진 올리브유 | 30g |
| 마늘 | 2쪽 |
| 페페론치노 | 3개 |
| 초리소 | 15g |
| 안초비 | 2개 |
| 그린 올리브 | 3개 |
| 방울토마토 | 3개 |
| 열무 | 20g |
| 그라나파다노 치즈 | 10g |
| 면수 | 적당량 |

### 파스타 삶는 물

| | |
|---|---|
| 물 | 1L |
| 소금 | 11g |

## RECIPE.

1. 냄비에 물과 소금을 넣고 끓으면 오레키에테를 넣고 8분간 삶아요.
2. 팬에 엑스트라버진 올리브유를 두르고 다진마늘을 볶다가 페페론치노를 넣어요.
3. 잘게다진 초리소와 안초비, 그린 올리브를 넣고 볶아요.
4. 반으로 썬 방울토마토와 면수를 넣고 끓여 소스를 만들어요.
5. 열무는 씻어서 잘게 썰어요.
6. ④에 삶은 오레키에테와 열무, 그라나파다노 치즈를 넣고 섞은 뒤 접시에 담아 완성해요.

비트 리소토

# BEETROOT

개인적으로 비트를 참 좋아해요.
비트는 뿌리채소 특유의 흙 맛과
달콤함, 그리고 강렬한 붉은 빛깔이
매력적이랍니다. 비트를 아주 곱게
갈아 만든 퓌레를 알덴테로 익힌
쌀과 함께 요리하면 고급스러운
느낌의 리소토가 완성돼요.

## INGREDIENTS.

| 쌀 | ½컵 |
| --- | --- |
| 양파 | ¼개 |
| 화이트 와인 | 30g |
| 채소 스톡 | 1L |
| 리코타 치즈 | 15g |
| 타임 | 1g |
| 엑스트라 버진 올리브유 | 적당량 |
| 버터·그라나파다노 치즈 | 적당량 |
| 소금 | 약간 |

### 비트 퓌레

| 비트 | 1개 |
| --- | --- |
| 물 | 600g |
| 실온 상태의 버터 | 15g |
| 소금 | 약간 |

## RECIPE.

1. 비트는 잘게 썬 뒤 물, 소금과
   함께 20분간 익히고 마지막에
   버터를 넣어요.
2. 핸드블렌더로 갈아 퓌레를
   만들어요.
   **TIP** 비트는 가니시용으로 몇 쪽
   남겨두세요.
3. 팬에 엑스트라 버진 올리브유를
   두르고 잘게 다진 양파를 볶아요.
4. 쌀을 넣어 볶다가 화이트 와인을
   넣고 센 불에서 끓여 알코올을
   날려요.
5. 채소 스톡과 비트 퓌레를 조금씩
   넣어가며 쌀을 익혀요.
6. 소금과 버터, 그라나파다노
   치즈를 넣어 마무리해요.
   **TIP** 쌀알이 터지지 않고 모양이
   살아 있어야 해요. 씹었을 때
   살짝 쫀득해야 하고 부서지거나
   부드럽게 씹힌다면 오버쿡된
   거예요.
7. 접시에 담고 리코타 치즈와 타임,
   비트 조각을 올린 뒤 엑스트라
   버진 올리브유를 뿌려 완성해요.

# RISOTTO

# BARLEY MUSHROOM RISOTTO

톡톡 씹히는 보리와 쫄깃한 버섯이
어우러진 리소토예요. 리소토에
보리를 사용하면 쌀보다 덜 퍼지고
식었을 때도 알덴테의 식감을
느낄 수 있어요. 저는 표고버섯과
백만송이버섯을 넣었는데 다양한
종류의 버섯으로 응용할 수 있어요.

## INGREDIENTS.

| | |
|---|---|
| 찰보리 | ⅓컵 |
| 표고버섯 | 5개 |
| 백만송이버섯 | 50g |
| 다진 양파 | ½개 분량 |
| 화이트 와인 | 60g |
| 완두콩 | 30g |
| 치킨스톡 | 1L |
| 버터 | 15g |
| 그라나파다노 치즈 | 15g |
| 시금치 | 5g |
| 바질 페스토 | 15g |
| 엑스트라 버진 올리브유 | 약간 |

## RECIPE.

1. 찰보리는 끓는 물에 3분간
   데쳐요.
   **TIP** 오래 익히면 전분이 많이 나오기
   때문에 데쳐 사용하는 것이
   좋아요.
2. 표고버섯과 백만송이버섯은
   먹기 좋게 썰어요.
3. 팬에 엑스트라 버진 올리브유를
   두르고 다진 양파를 볶다가
   찰보리, 화이트 와인 순으로
   넣어요.
4. 버섯, 완두콩을 넣고 치킨스톡을
   조금씩 넣어가며 익혀요.
5. 버터와 그라나파다노 치즈를
   넣고 간을 맞춰요.
6. 마지막에 시금치를 넣고 가볍게
   섞은 뒤 불에서 내려요.
7. 접시에 담고 바질 페스토를 올려
   완성해요.

## INGREDIENTS.

| | |
|---|---|
| 가지 | 1개 |
| 밀가루 | 50g |
| 달걀 | 1개 |
| 빵가루 | 60g |
| 엑스트라 버진 올리브유 | 적당량 |
| 처빌 | 적당량 |
| 파프리카 파우더 | 적당량 |
| 소금·후춧가루 | 약간씩 |

### 바냐 카우다

| | |
|---|---|
| 안초비 | 30g |
| 마늘 | 15g |
| 양파 | 50g |
| 생크림 | 150g |
| 채소 스톡 | 90g |
| 엑스트라 버진 올리브유 | 150g |
| 이탈리안 파슬리 | 1g |
| 후춧가루 | 약간 |

## RECIPE.

1. 냄비에 모든 바냐 카우다 재료를 넣고 마늘이 완전히 익을 때까지 약불에서 뭉근히 끓여요.
2. 핸드블렌더로 곱게 갈아요.
3. 가지는 1cm 두께로 슬라이스해요.
4. 소금과 후춧가루로 밑간하고 밀가루, 달걀물, 빵가루 순으로 입혀요.
5. 팬에 엑스트라 버진 올리브유를 넉넉하게 두르고 ④를 앞뒤로 노릇해지도록 튀기듯이 구워요.
6. 접시에 바냐 카우다와 가지 튀김을 담고 처빌과 파프리카 파우더를 뿌려 완성해요.

───── 가지 튀김 ─────

# FRIED EGGPLANT

이탈리아에서 가지는 정말 다양한 조리법으로 활용하는데요.
특히 가지 튀김은 누구나 좋아할 만한 맛을 지녔어요. 저는 바삭한 식감을 위해
빵가루를 입혀 튀기듯 구운 뒤 바냐 카우다<sup>Bagna càuda</sup>를 곁들였어요.
바냐 카우다는 올리브유와 마늘, 안초비로 만드는 크리미한 소스인데요.
채소 요리의 디핑 소스로 곁들이면 딱이에요.

# BLACK BEAN TEMPEH SALAD

템페는 콩을 발효시켜 만든
인도네시아의 대표적인 음식이에요.
우리나라의 청국장, 일본의 낫토와
비슷하지만 무색무취에 가깝고
식감도 살아 있어 모든 비건 요리에
잘 어울려요. 보통 먹기 좋게 잘라
튀긴 뒤 소금을 뿌려 먹는데요.
저는 으깨 엑스트라 버진 올리브유에
천천히 굽는 방식을 좋아해요.
구운 파프리카와 올리브, 페스토는
심플하면서 굉장히 잘 어울리는
조합이랍니다.

## INGREDIENTS.

| | |
|---|---|
| 서리태 템페 | 200g |
| 레드 파프리카 | 1개 |
| 그린 올리브 | 6개 |
| 열무 페스토 | 15g |
| 엑스트라 버진 올리브유 | 적당량 |
| 소금·후춧가루 | 약간씩 |

※ 열무 페스토 레시피는 17p를
　참고하세요.

## RECIPE.

1. 템페는 먹기 좋게 으깨요.
2. 팬에 엑스트라 버진 올리브유를
넉넉하게 두른 뒤 템페를
튀기듯이 굽고 소금과
후춧가루로 간해요.
3. 파프리카는 반을 갈라 씨를
제거한 후 소금, 후춧가루,
엑스트라 버진 올리브유를
뿌려 200℃로 예열한 오븐에서
8분간 구워요.
4. 껍질을 벗긴 뒤 채 썰어요.
5. 그린 올리브는 씨를 뺀 후 먹기
좋게 썰어요.
6. 접시에 구운 템페와 파프리카,
그린 올리브를 담고 열무
페스토를 올려 완성해요.

# BROCCOLI TOFU SALAD & PEANUT DRESSING

두부와 브로콜리, 땅콩, 고수가 함께
어우러진 아시안풍 샐러드예요.
고수 같은 호불호가 있는 식재료는
처음에는 그 맛이 별로일지 몰라도
한번 맛을 들이면 중독성이 강해
계속 찾게 되는 매력이 있어요. 저는
고수 특유의 향을 사랑하는 마니아라
어떤 요리와도 함께 먹을 수 있어요.

## INGREDIENTS.

| | |
|---|---|
| 브로콜리 | 1개 |
| 두부 | ½모 |
| 고수 | 20g |
| 엑스트라 버진 올리브유 | 적당량 |
| 소금·후춧가루 | 약간씩 |

### 땅콩 드레싱

| | |
|---|---|
| 볶은 땅콩 | 75g |
| 땅콩버터 | 70g |
| 레몬즙 | 75g |
| 엑스트라버진 올리브유 | 150g |
| 꿀 | 30g |
| 진간장 | 15g |
| 황설탕 | 15g |

## RECIPE.

1. 브로콜리는 끓는 소금물에
   통으로 데친 뒤 먹기 좋은 크기로
   어슷하게 슬라이스해요.
2. 두부는 막대 모양으로 잘라
   물기를 빼요.
3. 소금과 후춧가루로 간한 뒤
   엑스트라 버진 올리브유를
   두른 팬에 노릇하게 구워요.
4. 다른 팬에 엑스트라버진
   올리브유를 두르고 브로콜리를
   센 불에서 시어링해요.
5. 고수는 잘게 썰어요.
6. 땅콩 드레싱 재료를 블렌더에
   넣어 곱게 갈아요.
7. 접시에 구운 브로콜리와 두부를
   담고 땅콩 드레싱을 뿌린 뒤
   고수를 올려 완성해요.

방울토마토를 센 불에서 불 향이 나도록 구우면 맛과 향이 풍부해져요. 저는 타임과 버터를 더해 풍미를 입혔어요. 여기에 리코타 치즈와 맛있는 빵 한 조각만 곁들여도 근사한 와인 안주가 완성된답니다. 브런치 메뉴로도 좋아요.

## INGREDIENTS.

| | |
|---|---|
| 엑스트라 버진 올리브유 | 50g |
| 방울토마토 | 15개 |
| 버터 | 15g |
| 타임 | 1g |
| 캄파뉴 슬라이스 | 2쪽 |
| 리코타 치즈 | 120g |

## RECIPE.

1. 센 불로 달군 팬에 엑스트라 버진 올리브유를 두르고 방울 토마토의 겉면만 살짝 구워요.

   **TIP** 비주얼을 살리고 싶다면 꼭지째 구워요. 물기가 있는 방울토마토를 넣으면 불이 붙을 수 있으니 주의!

2. 불에서 내리기 직전에 버터와 타임을 넣고 토마토 표면을 살짝 코팅하듯이 굴려 향을 입혀요.

3. 캄파뉴는 그릴 또는 팬에서 노릇하게 구워요.

4. 접시에 리코타 치즈를 깔고 구운 토마토를 올린 뒤 구운 빵을 곁들여 완성해요.

리코타 치즈, 구운 방울토마토, 구운 빵

# RICOTTA CHEESE, GRILLED CHERRY TOMATO, GRILLED BREAD

# CHOP
## SALAD

모든 재료를 잘게 다져서 만든 샐러드예요. 숟가락으로 떠먹기도 편하고 맛과 영양을 한번에 챙길 수 있답니다.
미리 만들어두어도 식감과 맛이 크게 변하지 않아 도시락이나 피크닉용 샐러드로도 안성맞춤이에요.

## INGREDIENTS.

| | |
|---|---|
| 주키니 | ½개 |
| 브로콜리 | ½개 |
| 새송이버섯 | 100g |
| 가지 | ½개 |
| 파프리카 | ½개 |
| 쿠스쿠스 | 100g |
| 닭가슴살 | 1쪽 |
| 샐러드용 믹스 그린 | 80g |
| 레몬즙 | 1개 분량 |
| 엑스트라 버진 올리브유 | 적당량 |
| 소금·후춧가루 | 약간씩 |

## RECIPE.

1. 주키니와 브로콜리, 버섯, 가지, 파프리카는 잘게 다져요.
2. 오븐 팬에 ①을 올리고 소금과 후춧가루, 엑스트라 버진 올리브유를 뿌린 후 180℃로 예열한 오븐에서 7분간 구워요.
3. 볼에 쿠스쿠스와 뜨거운 물 100g을 넣고 불린 뒤 숟가락으로 고루 비벼요.
4. 닭가슴살은 0.5cm 두께로 포를 뜬 뒤 소금, 후춧가루로 밑간해요.
5. 앞뒤로 노릇하게 굽고 사방 1cm 크기의 주사위 모양으로 썰어요.
6. 믹스 그린도 같은 크기로 썰어요.

TIP 샐러드 새소가없다면 양상추처럼 아삭한 잎채소를 사용해요.

7. 볼에 모든 재료를 담고 레몬즙과 엑스트라 버진 올리브유를 뿌려 가볍게 섞은 뒤 소금, 후춧가루로 간해 완성해요.

TIP 맛을 더 풍부하게 내고 싶으면 허브 머스터드 비네그레트를 첨가하세요.

## 구운 주키니 샐러드

주키니를 얇게 슬라이스한 뒤 구우면 그 자체만으로도 단맛이 나요. 올리브유를 뿌려 그릴에 구우면 직화 향이 배어들어 풍미가 더 좋아지는데요. 오븐이나 팬에 구워도 주키니의 매력을 충분히 느낄 수 있어요. 잘 구운 채소와 약간의 치즈, 견과류 조합은 맛있을 수밖에 없다고 생각해요.
이 레시피를 기본으로 다양한 재료로 응용해보세요.

### INGREDIENTS.

| | |
|---|---|
| 주키니 | 1개 |
| 루콜라 | 5g |
| 구운 잣 | 30g |
| 페타 치즈 | 50g |
| 엑스트라 버진 올리브유 | 적당량 |
| 레몬즙·레몬 제스트 | 적당량 |
| 소금·후춧가루 | 약간씩 |

### RECIPE.

1. 주키니는 채칼로 얇게 슬라이스해요.
2. 채 썬 주키니를 오븐 팬에 깔고 소금과 후춧가루, 엑스트라 버진 올리브유를 뿌려 180℃로 예열한 오븐에서 5분간 구워요.
3. 볼에 구운 주키니와 루콜라를 넣고 레몬즙, 엑스트라 버진 올리브유를 뿌려 버무려요.
4. 접시에 담고 구운 잣과 페타 치즈, 레몬 제스트를 뿌려 완성해요.

**H** **B**

# ROASTED ZUCCHINI SALAD

구운 당근과 백태콩 후무스

# ROASTED CARROT & HUMMUS

뿌리채소는 오븐에 구웠을 때 그 풍미가 더 진하고 달콤해져요. 당근에 엑스트라 버진 올리브유와 메이플 시럽, 파프리카 파우더, 타임을 뿌린 뒤 굽기만 해도 충분히 맛있는데요. 저는 여기에 담백한 백태콩 후무스를 곁들였어요. 만들기 간단하고 늦은 밤에도 부담 없이 먹을 수 있는 와인 안주랍니다.

## INGREDIENTS.

| | |
|---|---|
| 당근 | 1개 |
| 엑스트라 버진 올리브유 | 30g |
| 메이플 시럽 | 30g |
| 파프리카 파우더 | 5g |
| 타임 | 2g |
| 백태콩 후무스 | 60g |
| 소금·후춧가루 | 약간씩 |

※ 백태콩 후무스 레시피는 26p를 참고하세요.

## RECIPE.

1. 당근은 웨지 모양으로 길게 썰어요.

2. 오븐 팬에 당근을 올리고 소금과 후춧가루, 엑스트라 버진 올리브유, 메이플 시럽, 파프리카 파우더, 타임을 뿌려요.

3. 180℃로 예열한 오븐에서 8분간 구워요.

4. 접시에 백태콩 후무스를 깔고 구운 당근을 올린 뒤 엑스트라 버진 올리브유를 뿌려 완성해요.

# FALAFEL
## SALAD

요즘 하루 한 끼는 샐러드로 해결하는 분들 많죠? 그런 분들을 위해 맛과 영양, 포만감까지 완벽한 샐러드를 소개해요.
담백한 콩과 은은한 레몬 향을 더한 통곡물 라이스는 너무 질지 않고 고들고들한 것이 좋고요. 팔라펠은 오일을 뿌린 뒤
오븐에 구우면 튀겼을 때보다 칼로리가 줄어요. 견과류와 건과일을 추가해도 잘 어울려요.

## INGREDIENTS.

| | |
|---|---|
| 백태콩 팔라펠 | 6개 |
| 샐러드용 믹스 그린 | 60g |
| 통곡물 라이스 | 80g |
| 레드 캐비지 | 15g |
| 방울토마토 | 3개 |
| 허브 머스터드 비네그레트 | 적당량 |
| 엑스트라 버진 올리브유 | 약간 |

※ 백태콩 팔라펠과 레드 캐비지
레시피는 154p, 156p를
참고하세요.

### 통곡물 라이스

| | |
|---|---|
| 찰수수·귀리·현미·이집트콩 | 적당량 |
| 레몬즙·소금 | 약간씩 |

## RECIPE.

1. 모든 곡물은 1시간 이상 불린
   뒤 레몬즙과 소금을 넣고 밥을
   지어요.

2. 팔라펠은 오븐 팬에 올린 뒤
   엑스트라 버진 올리브유를
   뿌려 160℃로 예열한 오븐에서
   15분간 구워요.

3. 그릇에 믹스 그린을 담고 구운
   팔라펠과 통곡물 라이스, 레드
   캐비지, 방울토마토를 올려요.

4. 허브 머스터드 비네그레트를
   뿌려 완성해요.

# PART. 3

## WEEKEND

여유로운 주말, 외식이 부럽지 않은 근사한 한 끼를
준비해보는 것은 어떨까요? 시간과 정성은 조금
필요하지만 만들기 어렵지 않으니 긴장하지 않아도 됩니다.
순서대로 차근차근 따라 하기만 하면 돼요. 플레이팅은
크게 신경 쓰지 마세요. 자연스럽게 담아내는 게
더 매력적이니까요. 넉넉히 만들어 여럿이 함께
즐겨도 좋아요.

# HOME PARTY

주말 저녁에 즐기기 좋은 메뉴들로 구성했어요. 여럿이 함께 나눠 먹을 수 있도록 풍성한 느낌을 살렸어요. 손이 좀 가는 메뉴도 있으니 시간 여유를 두고 준비하세요.

시저 샐러드 / 134p

딜 오이 샐러드 / 136p

로스트 콜리플라워 / 164p

구운 연어와 채소 슬로 / 130p

멜란자네/160p

# WINE PARTY

너무 무겁지 않은 채소 요리와 와인을 매칭했어요. 다음날 한결 가벼워진 몸과 마음을 느낄 수 있을 거예요.

부라타 치즈 샐러드 / 56p

파스타 알라 노르마 / 126p

채소 포카치아 피자 / 174p

피클 / 32p

# BRUNCH
주말 아침 느지막이 일어나 여유롭게 즐길 수 있는 요리들이에요.
채소 포카치아 피자는 전날 미리 만들어두고 살짝 데우기만 하면 돼요.

# PICNIC

식어도 맛이 떨어지지 않고 포장이 간편한 메뉴들로 구성했어요.
날씨가 좋은 날 야외에서 맛있고 건강한 한 끼를 즐겨보세요.

잡샐러드 / 100p

## 에스칼리바다

구운 채소로 만든 전채 요리예요.
에스칼리바다라는 이름은
'잿더미에서 요리하다'는
뜻을 가진 카탈루냐어 동사
에스칼리바르Escalivar에서
유래했어요. 전통적인 조리가
잉걸불에서 이루어지기 때문이라고
해요. 여기에 안초비를 더하면
훌륭한 타파스 요리가 완성돼요.
그릴에 구운 고기나 생선에 곁들여도
잘 어울려요.

### INGREDIENTS.

| | |
|---|---|
| 가지 | 2개 |
| 파프리카 | 2개 |
| 안초비 | 15g |
| 엑스트라 버진 올리브유 | 적당량 |
| 다진 이탈리안 파슬리 | 적당량 |
| 소금·후춧가루 | 약간씩 |

### RECIPE.

1. 가지는 필러로 껍질을 벗긴 뒤
   오븐 팬에 올려 소금, 후춧가루,
   엑스트라 버진 올리브유를
   뿌려요.

2. 파프리카는 절반으로 썰어 씨를
   제거하고 오븐 팬에 올린 뒤
   소금, 후춧가루, 엑스트라 버진
   올리브유를 뿌려요.

3. 180℃로 예열한 오븐에 15분간
   구워요.

4. 구운 가지는 길게 슬라이스하고,
   파프리카는 껍질을 벗겨 가지와
   비슷한 크기로 썰어요.

5. 접시에 가지와 파프리카를
   번갈아가며 담아요.

6. 안초비를 올리고 다진 파슬리를
   뿌려 완성해요.

# ESCALI

VADA

로컬릿의 시그니처 요리 중 하나인
채소 테린은 마르쉐에서 처음
선보였는데요. 채소를 맛있고
아름답게 또 가장 많이 먹을 수
있는 방법이라고 생각해요. 계절에
따라 바뀌는 제철 채소를 이것저것
사용해보는 것도 참 재미있는
일이고요. 계절의 맛을 오롯이
담은 아름다운 채소 요리를 함께
만들어볼까요?

## INGREDIENTS.

| | |
|---|---|
| 주스용 케일 | 4장 |
| 브로콜리 | 1개 |
| 단호박 | 150g |
| 표고버섯 | 12개 |
| 가지 | 1개 |
| 레드 파프리카 | 2개 |
| 백태콩 후무스 | 400g |
| 로메스코 | 15g |
| 엑스트라버진 올리브유 | 적당량 |
| 소금·후춧가루 | 약간씩 |

D I H B V

# VEGETABLE TERRINE

### 채소 테린

## RECIPE.

1. 주스용 케일은 줄기 밑부분을 자르고 잎과 연결된 굵은 줄기는 평평하게 잘라요.

2. 브로콜리는 굵은 심을 제거한 뒤 과도로 썰어요.

3. 케일은 끓는 소금물에 넣었다 바로 빼서 얼음물에 식히고 브로콜리는 1분 30초 정도 데친 뒤 얼음물에 식혀요.

4. 단호박과 표고버섯은 0.3cm, 가지는 0.5cm 두께로 슬라이스해요.

5. 파프리카는 반으로 잘라 씨를 제거해요.

6. 단호박과 표고버섯, 가지, 파프리카를 오븐 팬에 올리고 소금, 후춧가루, 엑스트라 버진 올리브유를 뿌린 뒤 180°C로 예열한 오븐에 구워요.

**TIP** 단호박과 표고버섯은 6분, 가지는 8분, 파프리카는 10분간 구워요.

7. 구운 채소는 키친타월로 물기를 제거해요.

**TIP** 파프리카는 껍질을 벗긴 뒤 키친타월로 물기를 완전히 제거해요.

8. 파운드케이크 틀에 종이 포일을 깔고 그 위를 케일로 빈틈 없이 감싸요.

**TIP** 내용물을 다 넣은 뒤 감싸는 것까지 고려해 틀의 가장자리에 반쯤 걸치는 것이 중요해요.

9. 케일 위에 백태콩 후무스, 단호박, 파프리카, 브로콜리, 버섯, 가지 순으로 차곡차곡 눌러가면서 채워요.

**TIP** 각각의 채소를 올린 뒤 백태콩 후무스를 반복해 올려요. 백태콩 후무스가 채소 사이에서 접착제 역할을 해요.

10. 마지막 채소인 가지를 채운 뒤 백태콩 후무스를 다시 발라요.

11. 케일 잎으로 덮은 뒤 다시 종이 포일로 덮어요.

12. 냉장고에서 1시간 이상 굳힌 후 10등분해 썰어요.

13. 접시에 채소 테린을 담아 완성해요. 취향에 따라 샐러드나 페스토, 로메스코 등을 곁들여요.

**TIP** 썰었을 때 단면의 색감이 중요하기 때문에 노란색, 빨간색, 초록색 채소는 꼭 넣어주는 것이 좋아요. 노란색 단호박은 땅콩호박이나 당근으로, 빨간색 파프리카는 말린 토마토로 대신할 수 있어요. 초록색 채소로는 계절에 따라 아스파라거스, 완두콩, 봄나물 등을 추천해요.

허브 풍미의 크레이프에 프로슈토와 샐러드를 곁들인 브런치 메뉴예요. 배추전에서 영감을 받은 개성배추 크레이프를 마르쉐 씨앗밥상을 통해 소개한 적이 있어요. 한식의 전과 크레이프가 매우 비슷하다는 생각이 들었거든요. 개성배추 대신 허브를 넣어도 맛과 향이 좋을 것 같아 허브 크레이프로 변형했는데요. 요리는 응용이니까 여러분도 다양한 채소를 크레이프에 활용해보세요.

## INGREDIENTS.

| | |
|---|---|
| 딜 | 5g |
| 처빌 | 5g |
| 버터 레터스 또는 로메인 | 20g |
| 말린 토마토 | 15g |
| 프로슈토 | 1장 |
| 허브 머스터드 비네그레트 | 약간 |

### 크레이프 반죽

| | |
|---|---|
| 달걀 | 52g |
| 메밀가루 | 112g |
| 우유 | 375g |
| 녹인 버터 | 22g |

## RECIPE.

1. 딜과 처빌은 곱게 다져요.
2. 볼에 달걀을 푼 뒤 메밀가루를 넣고 섞어요.
3. 우유를 붓고 거품기로 잘 섞어요.
4. 녹인 버터를 넣은 뒤 반죽을 고운체에 걸러요.

   TIP 버터를 녹여 넣어야 반죽과 잘 섞여요. 우유가 너무 차가우면 버터가 금방 굳을 수 있으니 살짝 데워 넣어요.

5. 다진 허브를 넣고 냉장실에서 1시간 정도 휴지시켜요.

   TIP 반죽을 휴지시킨 뒤 구워야 부치기 좋은 농도가 되고 구웠을 때 색도 예뻐요.

6. 코팅 팬에 식용유를 두른 뒤 닦아내요.

7. 달군 팬에 반죽을 한 국자 떠서 얇게 부친 뒤 테두리가 바삭해지면 긴 나무젓가락으로 반죽을 들어올리고 감아 돌려서 뒤집어요.

   TIP 반죽을 부었을 때 약간의 기포가 생기는 정도가 알맞은 온도이며 얇게 부치는 것이 좋아요.

8. 메밀 크레이프를 접어 접시에 담고 버터 레터스와 말린 토마토, 프로슈토를 올려요.
9. 허브 머스터드 비네그레트를 뿌려 완성해요.

B

허브 크레이프

# HERBS
## CREPE

# EGGPLANT LASAGNA

간단하면서도 기대 이상의
맛을 자랑하는 가지 요리예요.
시칠리아에선 보통 통통하고 짧은
이탈리아 가지를 두껍게 썰어
튀긴 뒤 겹겹이 쌓아 오븐에서
구워내는데요. 저는 얇게
슬라이스한 가지를 오븐에 구운 뒤
사용해 느끼하지 않고 담백해요.

## INGREDIENTS.

| | |
|---|---|
| 가지 | 6개 |
| 토마토소스 | 600g |
| 모차렐라 치즈 | 200g |
| 파르미지아노레지아노 치즈 | 100g |
| 바질 | 5g |
| 엑스트라 버진 올리브유 | 적당량 |
| 소금·후춧가루 | 약간씩 |

## RECIPE.

1. 가지는 0.5cm 두께로 길게 슬라이스해요.
2. 오븐 팬에 겹치지 않게 깔고 소금, 후춧가루, 엑스트라 버진 올리브유를 뿌려요.
3. 200℃로 예열한 오븐에서 10분간 구워요.
4. 구운 가지를 식힌 후 그라탱 용기에 한 장씩 깔아요.
5. 토마토소스를 바르고 모차렐라 치즈와 파르미지아노레지아노 치즈, 바질을 올려요.
6. 3번 반복한 뒤 마지막에는 토마토소스와 파르미지아노레지아노 치즈만 올려요.
7. 엑스트라 버진 올리브유를 전체적으로 뿌린 뒤 160℃로 예열한 오븐에서 25분간 구워요.
8. 식힌 뒤 먹기 좋은 크기로 썰어 토마토소스를 올린 접시에 담아요.
9. 파르미지아노레지아노 치즈와 소금, 후춧가루를 뿌려 완성해요.

# 농부 파스타

농장에서 나오는 여러 가지 채소를 활용한 채소 파스타예요. 양파와 마늘 향의 오일 베이스에 채소를 볶을 때 나오는 단맛으로 전체적인 맛을 끌어올렸어요. 어떤 채소라도 활용 가능하니 지금 당장 냉장고 속 채소들을 꺼내보세요!

## INGREDIENTS.

| | |
|---|---|
| 단호박(또는 애호박) | ¼개 |
| 파프리카 | ½개 |
| 마늘 | 2쪽 |
| 브로콜리 | ¼개 |
| 콜리플라워 | ¼개 |
| 그린빈 | 4줄기 |
| 양파 | ¼개 |
| 말린 토마토 | 6쪽 |
| 스파게티 | 160g |
| 그라나파다노 치즈 | 2g |
| 엑스트라 버진 올리브유 | 적당량 |
| 바질·후춧가루 | 약간씩 |

**파스타 삶는 물**

| | |
|---|---|
| 물 | 1L |
| 소금 | 11g |

## RECIPE.

1. 단호박과 파프리카, 마늘은 얇게 슬라이스하고 브로콜리와 콜리플라워는 먹기 좋은 크기로 썰어요.
2. 그린빈은 어슷하게 썰고 양파는 잘게 다져요.
3. 냄비에 물과 소금을 넣고 끓으면 스파게티를 6분간 삶고 면수는 따로 남겨요.
4. 팬에 엑스트라 버진 올리브유를 두르고 마늘과 양파를 볶다가 나머지 채소를 넣고 볶아요.

**TIP** 채소는 센 불에서 볶는 것이 아니라 중불에서 천천히 익히면서 즙을 최대한 뽑아내는 것이 좋아요.

5. 면수를 약간 넣고 간과 농도를 맞춰요.
6. 삶은 스파게티를 넣어 버무린 뒤 엑스트라 버진 올리브유 50g을 넣고 불에서 내린 뒤 면을 빠르게 돌려 유화시켜요.

**TIP** 불에 올린 상태에서 면을 돌리면 열 때문에 오일 막이 면에 붙지 않고 흘러내려요. 액체가 점점 더 졸아들기도 하고요. 남은 액체와 오일이 잘 섞여 면에 달라붙는 것이 중요해요.

7. 접시에 담아 그라나파다노 치즈와 바질을 올리고 엑스트라 버진 올리브유와 후춧가루를 뿌려 완성해요.

# FARMER

# PASTA

# PASTA ALLA NORMA

파스타 알라 노르마는 이탈리아 시칠리아식 가지 토마토 파스타예요. 시칠리아 출신 오페라 작곡가인 빈센초 벨리니 *Vincenzo Bellini* 를 기념하기 위해 그의 대표적인 오페라인 노르마에서 이름을 따왔다고 해요. 쇼트 파스타 중 하나인 리가토니를 사용해 여럿이 나눠 먹기 좋답니다.

## INGREDIENTS.

| | |
|---|---|
| 가지 | ½개 |
| 방울토마토 | 6개 |
| 엑스트라 버진 올리브유 | 15g |
| 리가토니 | 150g |
| 토마토소스 | 120g |
| 채소 스톡 | 150g |
| 그라나파다노 치즈 | 10g |
| 바질 | 2g |

### 파스타 삶는 물

| | |
|---|---|
| 물 | 1L |
| 소금 | 11g |

## RECIPE.

1. 가지는 1cm 두께로 동그랗게 썰고 방울토마토는 반으로 썰어요.
2. 엑스트라 버진 올리브유를 두른 팬에 가지를 튀기듯이 구워요.
3. 냄비에 물과 소금을 넣고 끓으면 리가토니를 넣어 6분간 삶아요.

   **TIP** 충분히 식힌 뒤 사용할 때는 6분, 바로 삶아 사용할 때는 10분간 삶아요.

4. ②에 토마토소스와 방울토마토, 리가토니, 채소 스톡을 넣고 소스가 잘 배어들도록 졸여요.
5. 접시에 담고 그라나파다노 치즈를 갈아 뿌린 뒤 바질로 장식해 완성해요.

# YOUNG PUMPKIN NDUJA PASTA

# 애호박 은두야 파스타

은두야는 이탈리아 칼라브리아<sup>Calabria</sup> 지방의 매콤한 소시지로 집에서도
간단하게 만들 수 있어요. 원래 칼라브리아산 페페론치노를 잔뜩 넣는데 저는
고추장과 고춧가루로 대신했어요. 파스타에 넣을 때는 어떤 채소를 곁들여도
잘 어울리는데요. 저는 애호박의 달큰한 맛과 부드러운 식감을 접목시켰어요.

## INGREDIENTS.

| | |
|---|---|
| 은두야 | 60g |
| 애호박 | ½개 |
| 탈리아텔레 | 150g |
| 치킨스톡 | 300g |
| 엑스트라 버진 올리브유 | 적당량 |
| 타임 | 약간 |

### 은두야

| | |
|---|---|
| 다진돼지고기 | 600g |
| 고추장 | 15g |
| 고춧가루 | 5g |
| 오레가노 | 2g |
| 다진마늘 | 10g |
| 후춧가루 | 2g |

### 파스타 삶는 물

| | |
|---|---|
| 물 | 1L |
| 소금 | 11g |

## RECIPE.

1. 은두야 재료를 잘 섞어요.
2. 애호박은 길게 슬라이스해요.
   **TIP** 채칼을 이용해 얇게
   슬라이스하는 것이 좋아요.
3. 엑스트라 버진 올리브유를 두른
   팬에 은두야를 볶다가 어느 정도
   익으면 애호박을 넣어 볶아요.
4. 냄비에 물과 소금을 넣고 끓으면
   탈리아텔레를 6분간 삶아요.
5. ③에 삶은 탈리아텔레와
   치킨스톡을 넣어 졸여요.
   **TIP** 국물이 자작한 파스타이기
   때문에 완전히 졸일 필요는
   없어요.
6. 접시에 담고 타임을 뿌려
   완성해요.

# ROASTED SALMON & VEGETABLE SLAW

집에서 생선을 맛있게 굽기 위해서는 스킬과 모험심이 필요해요. 팬프라이를 하자니 집안에 가득 차는 연기가 두렵고 불 조절을 실패해 너무 많이 익으면 뻣뻣한 생선을 먹어야 하니까요. 이 방법을 사용하면 앞서 말한 두 가지 실패 요인을 줄일 수 있고 냉장실에 남은 자투리 채소들도 한번에 처리가 가능해요. 생선을 마리네이드해 잡내를 잡으면 아래에 깔린 채소 슬로도 전혀 비리지 않아요.

## INGREDIENTS.

| | |
|---|---|
| 연어 필레 | ½마리 분량 |
| 양파 | ½개 |
| 대파 | 1대 |
| 가지 껍질 | 2개 분량 |
| 당근 | 1개 |
| 셀러리 | 2대 |
| 화이트 와인 | 300g |
| 레몬 | 1개 |
| 핑크 페퍼콘 | 2g |
| 딜 | 5g |
| 엑스트라 버진 올리브유 | 적당량 |
| 소금 | 약간 |

### 연어 마리네이드

| | |
|---|---|
| 화이트 와인 | 50g |
| 딜 | 5g |

## RECIPE.

**1.** 연어 필레에 화이트 와인과 딜을 뿌려 1시간 정도 마리네이드해요.

**TIP** 화이트 와인이 없다면 보드카나 위스키를 약간 뿌려요.

**2.** 자투리 채소는 0.5cm 두께로 채 썰어요.

**TIP** 익혀 먹을 수 있는 채소는 어떤 것도 가능해요. 펜넬을 얇게 슬라이스해 넣으면 연어의 맛과 향이 더욱 살아나요.

**3.** 오븐 팬에 ②를 깔고 마리네이드한 연어를 올린 뒤 소금으로 간해요.

**4.** 화이트 와인을 채소에 붓고 슬라이스한 레몬과 핑크 페퍼콘, 딜, 엑스트라 버진 올리브유를 뿌려 180℃로 예열한 오븐에 20분간 구워 완성해요.

**TIP** 구운 연어는 부드럽기 때문에 집게로 커팅해 개인용 접시에 덜어 먹어요. 페스토를 곁들여도 잘 어울려요.

**131**

LEEK CON

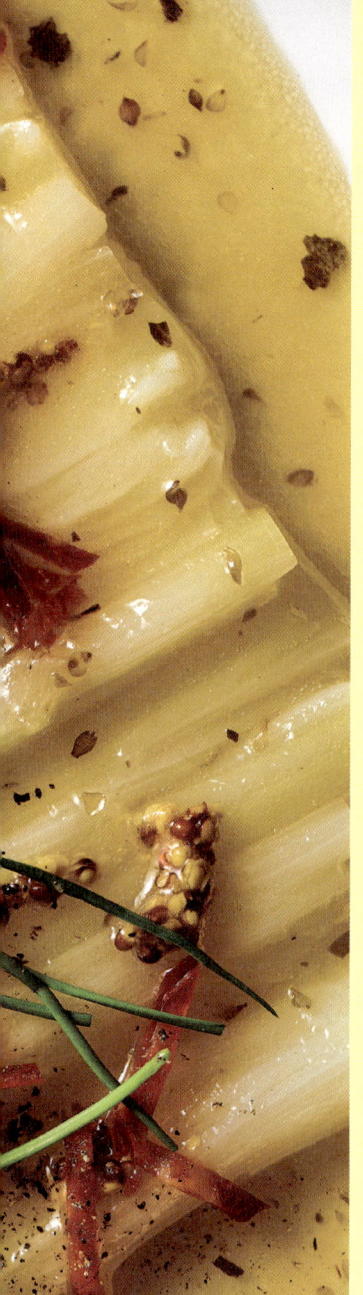

## 대파 콩피 샐러드

원래는 서양의 대파라고 불리는 '리크Leek'로 만들지만 저는 구하기 쉬운 대파로 대체했어요. 굵은 대파의 흰 부분만 쓰는 것이 좋고요. 채소 스톡에 넣어 천천히 익혀 단맛과 부드러운 식감이 일품이랍니다. 이 샐러드는 조리 시간은 길지만 미리 만들어둘 수 있고 오일에 절여두면 보관 기간이 길어져 언제든지 편하게 먹을 수 있어요. 여기에 올리브, 초리소로 짭조름한 맛을 더하면 와인 안주로도 잘 어울려요.

### INGREDIENTS.

| | |
|---|---|
| 대파 흰 부분 | 4대 |
| 채소 스톡 | 1L |
| 초리소 | 30g |
| 그린 올리브 | 6개 |
| 영양부추 | 2g |

**홀그레인 머스터드 비네그레트**

| | |
|---|---|
| 홀그레인 머스터드 | 1ts |
| 레몬즙 | 4ts |
| 화이트와인 비니거 | 2ts |
| 꿀 | 1ts |
| 엑스트라버진 올리브유 | 4Ts |
| 소금 | ½ts |
| 후춧가루 | ¼ts |

### RECIPE.

1. 냄비에 대파 흰 부분과 채소 스톡을 함께 넣고 30분 동안 부드럽게 익혀요.
2. 초리소와 그린 올리브는 얇게 슬라이스해요.
3. 볼에 모든 재료를 넣고 휘퍼로 섞어 홀그레인 머스터드 비네그레트를 만들어요.
4. 접시에 익힌 대파를 반 갈라 펼쳐 올려요.
5. 홀그레인 머스터드 비네그레트를 고루 뿌리고 초리소, 그린 올리브, 영양부추를 올려 완성해요.

**H** **D**

# FIT SALAD

시저 샐러드

# CAESAR
## SALAD

저는 시저 샐러드에서 드레싱만큼
로메인도 중요하다고 생각해
통로메인을 싱싱하게 살린 뒤
사용해요. 통로메인을 나이프로
썰어 먹으면 아삭아삭 씹히는
맛이 정말 좋거든요. 드레싱에는
간장과 타바스코를 넣어 감칠맛을
살렸는데요. 양파와 마늘은 발사믹
비니거와 간장에 미리 절여 2시간
이상 숙성시키는 것이 좋아요.
그래야 양파의 매운맛은 사라지고
새콤달콤한 맛이 더해져 느끼함을
잡아주거든요.

## INGREDIENTS.

| | |
|---|---|
| 통로메인 | 1개 |
| 시저 드레싱 | 60g |
| 허브 머스터드 비네그레트 | 30g |
| 그라나파다노 치즈 | 5g |
| 단맛이 없는 크래커 | 5g |
| 파프리카 파우더 | 2g |
| 말린 토마토 | 약간 |

### 시저 드레싱

| | |
|---|---|
| 양파 | 50g |
| 케이퍼 | 70g |
| 안초비 | 50g |
| 진간장 | 20g |
| 발사믹 비니거 | 100g |
| 다진 마늘 | 5g |
| 마요네즈 | 200g |
| 디종 머스터드 | 30g |
| 타바스코 | 15g |
| 레몬즙 | 30g |
| 소금 | 2g |
| 레몬 제스트 | 약간 |

## RECIPE.

1. 통로메인은 흐르는 물에 씻고 물기를 뺀 뒤 냉장실에 넣어 싱싱하게 살려요.
2. 양파와 케이퍼, 안초비를 곱게 다져요.
3. 간장과 발사믹 비니거를 섞고 다진 양파와 다진 마늘을 넣어 2시간 이상 숙성시켜요.
4. 나머지 시저 드레싱 재료들을 넣고 섞어요.
5. 통로메인은 길게 슬라이스한 뒤 뿌리 부분만 제거해요.
6. 접시에 담고 시저 드레싱을 뿌려요.
7. 허브 머스터드 비네그레트와 간 그라나파다노 치즈를 뿌려요.
8. 크래커를 부숴 올리고 파프리카 파우더를 뿌린 뒤 말린 토마토로 장식해 완성해요.

TIP 저는 유채꽃을 함께 사용했어요.

딜 오이 샐러드

# DILL CUCUMBER SALAD

오이의 아삭한 식감과 딜의 향이 조화를 이루는 샐러드예요. 사워크림의 부드러우면서 새콤한 맛이 입안 가득 청량감을 선사한답니다. 저는 오이의 아삭거리는 식감을 굉장히 좋아하는데요. 오이를 두껍게 썰어 바로 버무리면 아삭한 식감을 살릴 수 있어요. 만들기 정말 간단하고 빠르게 준비할 수 있어 홈파티 사이드 메뉴로 추천해요. 다른 음식을 먹다 잠시 쉬어갈 때 입안을 깔끔하게 리프레시할 수 있거든요.

## INGREDIENTS.

| | |
|---|---|
| 청오이 | 2개 |
| 딜 | 5g |

**드레싱**

| | |
|---|---|
| 사워크림·레몬즙·마요네즈 | 적당량 |
| 소금·후춧가루 | 약간씩 |

## RECIPE.

1. 오이는 0.3cm 두께로 슬라이스해요.

   **TIP** 채칼을 이용하면 일정한 두께로 빠르게 준비할 수 있어요.

2. 딜은 줄기를 제거한 뒤 굵게 다져요.

   **TIP** 너무 잘게 다지면 수분이 나올 수 있으니 가볍게 다져요.

3. 볼에 드레싱 재료를 섞은 뒤 슬라이스한 오이와 다진 딜을 넣고 버무려 완성해요.

# H B P
# SWEET
# PUMPKIN
## SALAD

단호박은 그냥 굽기만 해도 맛있잖아요. 저는 여기에 메이플 시럽으로 맛과 향을 더하고 고소한
견과류를 곁들여 샐러드를 만들었어요. 호박 껍질을 완전히 벗겨도 좋지만 저는 딱딱하거나 지저분한
부분만 필러로 벗겨낸 뒤 썰어서 구워요. 구운 껍질 특유의 재미 있는 식감이 있거든요.
메이플 시럽이 살짝 코팅된 호박 껍질과 렌틸콩, 고소한 씨앗의 조화를 느껴보세요.

---

## 단호박 샐러드

### RECIPE.

1. 단호박은 깨끗이 씻은 뒤 필러로
   껍질을 절반 정도만 벗기고 웨지
   모양으로 썰어요.

   TIP 단호박 껍질의 깨끗한 부분은
   최대한 살려 요리해요.

2. 단호박에 메이플 시럽과
   시나몬 파우더, 소금, 후춧가루,
   엑스트라 버진 올리브유를
   뿌려 180℃로 예열한 오븐에서
   12분간 구워요.

3. 해바라기씨와 호박씨는 팬에서
   살짝 구워 식혀요.

   TIP 견과류를 구운 뒤 식히면 식감도
   좋아지고 고소한 맛과 향이
   살아나요. 특히 묵은 견과류는
   굽지 않으면 기름 쩐내가 날 수
   있어요.

4. 렌틸콩은 찬물에 넣고 중불에서
   20분간 삶은 뒤 물기를 빼요.

5. 볼에 단호박과 렌틸콩, 견과류를
   넣고 골고루 버무려요.

6. 접시에 담고 와일드 루콜라를
   올려 완성해요.

### INGREDIENTS.

| | |
|---|---|
| 단호박 | 1개 |
| 메이플 시럽 | 30g |
| 시나몬 파우더 | 5g |
| 엑스트라 버진 올리브유 | 30g |
| 해바라기씨 | 15g |
| 호박씨 | 15g |
| 렌틸콩 | 60g |
| 와일드 루콜라 | 5g |
| 소금·후춧가루 | 약간씩 |

# FIG PROSCIUTTO SALAD

잘 익은 무화과에 짭짤한 프로슈토를 올리면
그 유명한 프로슈토 에 멜로네<sup>Prosciutto e Melone</sup>와는
또 다른 매력이 있는 전채 요리가 완성돼요.
중간중간 무화과씨의 톡톡 씹히는 식감도
재미있으니 무화과 철에 꼭 한번 만들어보세요.
차갑게 칠링된 화이트 와인이나 내추럴 오렌지
와인과 특히 잘 어울려요.

### INGREDIENTS.

| | |
|---|---|
| 무화과 | 2개 |
| 프로슈토 | 2장 |
| 리코타 치즈 | 30g |
| 엑스트라 버진 올리브유 | 30g |
| 후춧가루 | 약간 |

### RECIPE.

1. 무화과는 먹기 좋은 크기로 썰어요. 크기에 따라 4등분 또는 6등분하면 돼요.
2. 접시에 무화과를 담고 프로슈토를 뜯어 올려요.
3. 리코타 치즈를 곁들이고 후춧가루와 엑스트라 버진 올리브유를 뿌려 마무리해요.

BEET

# 비트 가스파초

가스파초는 토마토나 오이 같은 채소를 식초와 함께 갈아 차갑게 먹는 스페인 안달루시아 지방의 전통 요리예요. 풍미가 있는 건강 주스 같은 느낌으로 생으로 먹을 수 있는 채소나 과일이라면 어떤 것이든 응용이 가능해요. 수박이나 멜론으로 만든 달콤한 가스파초도 식사 전 입맛을 돋우는 데 정말 좋아요.

## INGREDIENTS.

| | |
|---|---|
| 비트 | 1개 |
| 완숙 토마토 | ½개 |
| 채소 스톡 | 1L |
| 식빵 | ½쪽 |
| 셰리 비니거 | 50g |
| 리코타 치즈 | 10g |
| 소금 | 2g |
| 설탕 | 15g |
| 허브 | 약간 |

## RECIPE.

1. 비트와 완숙 토마토를 잘게 썰어 채소 스톡에 넣고 푹 익혀요.

   **TIP** 보통 가스파초를 만들 때 채소를 익히지 않지만 비트는 익힌 뒤 사용하면 좀 더 부드럽게 갈리고 풍미도 좋아져요.

2. 블렌더에 ①과 식빵, 소금, 설탕, 셰리 비니거를 함께 넣고 곱게 갈아 냉장고에 차갑게 보관해요.

3. 그릇에 차가운 비트 가스파초를 담고 리코타 치즈와 허브를 올려 완성해요.

ROOT GAZPACHO

# 알배추 구이

알배추가 노랗게 맛이 오를 때쯤 만들기 좋은 전채 요리예요. 알배추 구이의 핵심은
캐러웨이 시드와 로메스코예요. 고소한 로메스코에 캐러웨이 시드 특유의 청량함이
더해져 불 맛 나게 구운 채소와 정말 잘 어울린답니다.

## INGREDIENTS.

| | |
|---|---|
| 알배추 | 1개 |
| 캐러웨이 시드 | 2g |
| 화이트와인 비니거 | 30g |
| 설탕 | 15g |
| 파프리카 파우더 | 5g |
| 엑스트라 버진 올리브유 | 30g |
| 버터 | 10g |
| 파르미지아노레지아노 치즈 | 15g |
| 로메스코 | 30g |
| 소금·후춧가루 | 약간씩 |

### 로메스코

| | |
|---|---|
| 구운 파프리카 | 570g |
| 볶은 땅콩 | 60g |
| 할라피뇨 | 12g |
| 아가베 시럽 | 15g |
| 파프리카 파우더 | 7g |
| 엑스트라 버진 올리브유 | 30g |
| 소금 | 7g |

## RECIPE.

1. 파프리카는 반으로 썰어 씨를 제거한
   뒤 오븐 팬에 올리고 200℃로 예열한
   오븐에서 10분간 구워요.
2. 블렌더에 모든 재료를 넣고 갈아
   로메스코를 만들어요.
3. 알배추는 길게 반으로 썬 뒤 크기에
   따라 8등분 또는 10등분해요.
4. 오븐 팬에 올리고 소금, 후춧가루,
   캐러웨이 시드, 화이트와인 비니거,
   설탕, 파프리카 파우더, 엑스트라 버진
   올리브유 15g을 뿌려요.
5. 200℃로 예열한 오븐에 7분간 구워요.
6. 팬에 나머지 엑스트라 버진
   올리브유를 두르고 구운 알배추를
   앞뒤로 고루 시어링해요.

※ **시어링(Searing)**
   센 불에서 재료의 겉면을 코팅하듯이
   굽는 조리법. 이 과정에서 마이야르
   반응이 일어나 풍미가 좋아져요.

7. 마지막에 버터를 넣고 녹이면서
   표면을 코팅해요.
8. 접시에 구운 알배추를 놓고
   파르미지아노레지아노 치즈를 뿌린 뒤
   로메스코를 곁들여 완성해요.

ROA

STED CHINESE
CABBAGE

# 카포나타

프랑스에 라타투이가 있다면 이탈리아에는 카포나타가 있어요. 카포나타는 이탈리아 시칠리아의 대표적인 요리로 일반적으로 애피타이저나 메인 요리에 곁들이는 사이드 디시로 활용해요. 보통 잘게 썬 가지를 튀겨 넣지만 저는 가지에 엑스트라 버진 올리브유를 뿌린 뒤 오븐에 구웠어요. 한식의 밑반찬처럼 시간이 있을 때 넉넉히 만들어두면 며칠은 거뜬해요.

## INGREDIENTS.

| | |
|---|---|
| 가지 | 1개 |
| 셀러리 | 1대 |
| 파프리카 | 1개 |
| 방울토마토 | 5개 |
| 양파 | ½개 |
| 그린 올리브 | 6개 |
| 케이퍼 | 15g |
| 엑스트라 버진 올리브유 | 80g |
| 설탕 | 15g |
| 화이트와인 비니거 | 30g |
| 바질 | 2g |
| 소금·후춧가루 | 약간씩 |

## RECIPE.

1. 가지와 셀러리, 파프리카, 방울토마토, 양파는 주사위 모양으로 썰어요.

2. 그린 올리브는 씨를 제거하고 잘게 썰어요.

3. 가지는 오븐 팬에 올려 소금, 후춧가루, 엑스트라 버진 올리브유를 뿌린 뒤 190℃로 예열한 오븐에 6분간 구워요.

4. 냄비에 엑스트라 버진 올리브유를 두르고 양파, 파프리카, 셀러리를 볶다가 방울토마토와 케이퍼, 그린 올리브를 넣고 5분간 볶아요.

5. 설탕과 화이트와인 비니거를 넣어요.

6. ③을 넣고 끓인 뒤 바질을 넣어 완성해요.

**CAPONATA**

# 시금치 뇨키

로컬릿을 이전한 후 많은 분들이 사랑하는 메뉴인 시금치 뇨키의 레시피를 공개해요. 이탈리아에서는
뇨키를 삶아 버터나 소스에 버무리지만 저는 살짝 데친 뒤 노릇하게 굽고 소스를 곁들였어요. 뇨키를
구울 때는 겉은 바삭하고 속은 촉촉하면서도 쫀득한 식감을 살리는 것이 중요해요. 보기만 해도
건강한 느낌이 가득한 시금치 크림소스가 이 요리의 핵심인데요. 감자 대신 콜리플라워나 설탕
당근이라 불리는 파스닙Parsnip을 사용해도 정말 맛있어요.

## INGREDIENTS.

| | |
|---|---|
| 엑스트라버진 올리브유 | 적당량 |
| 그라나파다노 치즈 | 적당량 |
| 버터·소금 | 약간씩 |

**뇨끼 반죽**

| | |
|---|---|
| 삶은 감자 | 1kg |
| 너트맥 | 1g |
| 소금 | 10g |
| 강력분 | 280g |
| 달걀노른자 | 20g |
| 그라나파다노 치즈 | 15g |

**시금치 크림소스**

| | |
|---|---|
| 시금치 | 500g |
| 감자 | 225g |
| 양파 | ½개 |
| 버터 | 110g |
| 생크림 | 250g |
| 채소 스톡 | 1L |
| 소금 | 15g |
| 설탕 | 25g |

**뇨키 삶는 물**

| | |
|---|---|
| 물 | 1L |
| 소금 | 11g |

## RECIPE.

1. 감자는 껍질을 벗긴 뒤 2등분해
   25분 정도 삶아요.

   TIP 냄비에 감자와 찬물을 넣어 삶고
   물이 끓으면 중불로 줄인 뒤
   겉면이 부서지지 않도록 완전히
   익혀요.

2. 체에 내려 물기를 빼고 포테이토
   매셔에 내린 뒤 펼쳐서 뜨거운
   김을 충분히 날려요.

3. 너트맥과 소금, 강력분,
   달걀노른자, 그라나파다노
   치즈를 넣고 반죽해요.

   TIP 반죽은 너무 치대지 말고
   부드럽게 섞이는 정도면
   충분해요.

4. 반죽을 원통형으로 만든 뒤 썰어
   가리비 관자 모양을 만들어요.

5. 냄비에 물과 소금을 넣고 끓으면
   뇨키를 데친 뒤 얼음물에 재빨리
   식혀요.

   TIP 뇨키를 데치는 이유는 쫀득한
   식감 때문이에요.

6. 팬에 엑스트라버진 올리브유와
   버터를 두르고 삶은 뇨키를
   앞뒤로 노릇하게 구운 뒤 겉면에
   소금을 살짝 뿌려요.

7. 시금치를 제외한 소스 재료를
   냄비에 넣고 30분간 끓여요.

8. 시금치는 따로 데친 뒤 ⑦과
   함께 블렌더에 넣고 5분간 곱게
   갈아요.

9. 접시에 소스를 담고 구운
   뇨키를 올린 뒤 엑스트라
   버진 올리브유와 필러로 얇게
   슬라이스한 그라나파다노
   치즈를 뿌려 완성해요.

SPINACH

# GNOCCHI

# PAPRIKA FARCI

파르시는 토마토나 파프리카,
호박 등의 속을 파낸 뒤 고기나
채소를 채워 굽는 프랑스 요리예요.
파프리카 안에 렌틸콩과 표고버섯을
채우면 고기 없이도 고기의 식감을
느낄 수 있어요. 든든한 한 끼
식사로도 충분하고요. 치즈를
좋아한다면 속재료에 섞거나 위에
뿌려 구워요.

## INGREDIENTS.

| | |
|---|---|
| 파프리카 | 3개 |
| 양파 | 1개 |
| 애호박 | ½개 |
| 표고버섯 | 4개 |
| 방울토마토 | 6개 |
| 삶은 렌틸콩 | 50g |
| 케이퍼 | 15g |
| 다진 이탈리안 파슬리 | 1g |
| 파르미지아노레지아노 치즈 | 30g |
| 엑스트라버진 올리브유 | 적당량 |
| 소금·후춧가루 | 약간씩 |

## RECIPE.

1. 파프리카는 꼭지 부분 아래 1cm 정도에서 자른 후 속을 파내요.
2. 양파와 애호박, 표고버섯은 잘게 다져요.
3. 엑스트라버진 올리브유를 두른 팬에 양파를 볶다가 애호박과 표고버섯을 넣고 볶아요.
4. 방울토마토와 삶은 렌틸콩을 넣고 익혀요.
5. 케이퍼와 다진 파슬리, 파르미지아노레지아노 치즈를 넣고 소금, 후춧가루로 간해요.
6. 파프리카에 채운 뒤 180℃로 예열한 오븐에서 20분간 구워 완성해요.

땅콩호박은 땅콩처럼 생긴 모양 때문에 붙여진 이름이에요. 영어로는 '버터넛 스쿼시Butternut squash'라고 해요. 잘 후숙된 땅콩호박은 그냥 굽기만 해도 맛있는데요. 수확 후 서늘한 곳에서 60일 정도 후숙해야 단맛과 풍미가 좋아져요. 식감이 부드럽고 견과류 향이 풍부해 퓌레나 수프로 만들면 잘 어울려요. 저는 구운 땅콩호박의 달콤함과 배의 아삭아삭한 식감, 고르곤졸라 치즈의 진한 풍미가 조화를 이루는 샐러드를 만들었는데요. 의외의 조합이라고 생각할 수 있지만 누구나 좋아할 만한 맛이랍니다.

# ROASTED BUTTERNUT SQUASH

## INGREDIENTS.

| | |
|---|---|
| 땅콩호박 | 1개 |
| 엑스트라 버진 올리브유 | 50g |
| 고르곤졸라 치즈 | 60g |
| 생크림 | 100g |
| 치킨스톡 | 50g |
| 배 | ½개 |
| 타임 | 1g |
| 소금·후춧가루 | 약간씩 |

## RECIPE.

1. 땅콩호박은 껍질을 벗겨 1.5cm 두께로 슬라이스해요.
2. 오븐 팬에 깔고 소금, 후춧가루, 엑스트라 버진 올리브유를 뿌린 뒤 180℃로 예열한 오븐에 10분간 구워요.
3. 냄비에 고르곤졸라 치즈와 생크림, 치킨스톡을 넣고 끓여 소스를 만들어요.
4. 구운 땅콩호박을 접시에 담고 ③을 뿌려요.
5. 껍질째 얇게 슬라이스한 배를 올려요.
6. 엑스트라 버진 올리브유와 타임을 뿌려 완성해요.

팔라펠은 병아리콩이나 잠두를 갈아 공
모양이나 동글납작하게 빚어 튀긴 중동
요리예요. 저는 병아리콩 대신 백태콩을
사용했어요. 백태콩은 수분감이 있고
맛이 담백해 많이 먹어도 질리지 않고
속이 편안해요. 그 자체로도 맛있지만
샌드위치나 샐러드에 넣어 먹어도
좋아요. 저는 바바 가누쉬를 곁들였어요.

## INGREDIENTS.

| | |
|---|---|
| 양파 | 50g |
| 백태콩 후무스 | 150g |
| 달걀 | 1개 |
| 빵가루 | 30g |
| 다진 이탈리안 파슬리 | 2g |
| 다진 마늘 | 10g |
| 커민 파우더 | 2g |
| 바바 가누쉬 | 적당량 |
| 소금·후춧가루 | 약간씩 |

※ 백태콩 후무스와 바바 가누쉬
   레시피는 26p와 30p를 참고하세요.

## RECIPE.

1. 양파는 곱게 다져요.
2. 바바 가누쉬를 제외한 모든 재료를
   잘 섞은 뒤 동그랗게 모양을 잡아요.
3. 170℃로 달군 식용유에 3분간
   튀겨요.
4. 키친타월로 기름기를 제거하고
   바바 가누쉬와 함께 접시에 담아
   완성해요.

# SOY BEAN
# FALAFEL

백태콩 팔라펠

# RED CABBAGE

적양배추에 레드 와인을 넣고 새콤달콤하게 볶았어요. 피클처럼 어떤 요리에
곁들여도 좋아요. 특히 구운 채소나 빵과 잘 어울려요. 양배추를 너무 오래
볶으면 숨이 완전히 죽어 물컹해지기 때문에 적당히 아삭한 식감이 남아 있도록
볶는 것이 중요해요. 완성되었을 때 식초와 설탕, 올리브유가 잘 섞여 반짝반짝
윤기가 나는 것이 좋아요.

## INGREDIENTS.

| | |
|---|---|
| 적양배추 | ½통 |
| 사과 | 1개 |
| 엑스트라 버진 올리브유 | 60g |
| 레드 와인 | 80g |
| 화이트와인 비니거 | 60g |
| 소금 | 15g |
| 설탕 | 40g |
| 오레가노 | 5g |

## RECIPE.

1. 적양배추와 사과는 얇게
   슬라이스해요.

2. 팬에 엑스트라 버진 올리브유를
   두르고 적양배추와 사과를
   볶아요.

3. 레드 와인과 화이트와인 비니거,
   소금, 설탕을 넣고 3분간 볶아요.

   **TIP** 너무 오래 볶으면 아삭한 식감이
   사라지기 때문에 센 불에서
   재빨리 볶는 것이 중요해요.

4. 접시에 담고 오레가노를 뿌려
   완성해요.

# ROASTED EGGPLANT & POLENTA

구운 가지와 폴렌타

껍질을 벗겨 구운 통가지는 가지를 좋아하지 않는 사람도 반할 만한 매력이 있어요. 여기에 폴렌타를 곁들이면 메인 요리로도 손색이 없답니다. 폴렌타는 옥수숫가루나 세몰리나를 죽처럼 끓인 건데요. 저렴하면서 포만감이 커서 이탈리아 북부 베네토 지역의 가난한 이민자들의 주식이었다고 해요. 식감이 부드럽고 맛이 담백해어떤 요리, 소스와도 잘 어울려요.

## INGREDIENTS.

| 가지 | 1개 |
| 엑스트라 버진 올리브유 | 30g |
| 리코타 치즈 | 15g |
| 파프리카 파우더·딜 | 약간씩 |
| 소금·후춧가루 | 약간씩 |

**폴렌타**

| 옥수수 세몰리나 | 15g |
| 치킨스톡 | 120g |
| 생크림 | 100g |
| 버터 | 10g |

## RECIPE.

1. 가지는 필러로 껍질을 벗겨요.
2. 오븐 팬에 올리고 소금과 후춧가루, 엑스트라 버진 올리브유를 뿌린 뒤 170℃로 예열한 오븐에서 20분간 구워요.
3. 냄비에 모든 폴렌타 재료를 넣고 저어가며 익혀요.

   **TIP** 폴렌타는 식으면 금방 굳는 성질이 있기 때문에 묽게 만드는 것이 좋아요. 치킨스톡을 조금씩 더해가며 농도를 조절해요.

4. 접시에 폴렌타를 깔고 구운 가지를 올려요.
5. 리코타 치즈와 파프리카 파우더를 뿌린 뒤 딜을 올려 완성해요.

# MELAN

가지는 사계절 내내 나오고 가격
변동도 심하지 않아 요리에
활용하기 좋아요. 가지를 싫어하는
사람도 이 요리만은 좋아할 거라고
자부할 수 있어요.
쫄깃한 식감과 새콤달콤한 맛이
정말 매력적이거든요. 우리나라
토종 가지인 쇠뿔 가지는 일반
가지처럼 곧게 뻗지 않고 소의
뿔처럼 휘어지면서 자라요. 과육이
단단하면서 쫄깃해 멜란자네를
만들면 정말 맛있어요. 그대로
먹어도 좋고 몇 가지 가니시나
치즈를 곁들이면 훌륭한
와인 안주가 된답니다.

## INGREDIENTS.

| | |
|---|---|
| 가지 | 6개 |
| 엑스트라 버진 올리브유 | 적당량 |
| 소금·후춧가루 | 약간씩 |

### 마리네이드

| | |
|---|---|
| 토마토소스 | 500g |
| 화이트와인 비니거 | 30g |
| 엑스트라 버진 올리브유 | 60g |
| 바질 | 2g |
| 설탕 | 20g |
| 소금 | 5g |

### 가니시

리코타 치즈·말린 토마토·바질 적당량

## RECIPE.

1. 가지는 동그란 모양을 살려
   1.5cm 두께로 썰어요.
2. 오븐 팬에 가지를 올리고 소금과
   후춧가루, 엑스트라 버진
   올리브유를 뿌린 뒤 190℃로
   예열한 오븐에 10분간 구워요.
3. 볼에 마리네이드 재료를 섞은 뒤
   구운 가지를 넣고 고루 버무려요.
4. 소독한 유리병이나 밀폐 용기에
   담아 냉장실에 보관해요.
5. 접시에 담고 리코타 치즈와
   말린 토마토, 바질을 곁들여
   완성해요.

🔵 TIP 리코타 치즈 대신 보콘치니
치즈나 프레시 모차렐라 치즈를
곁들여도 좋아요.

# ZANE

# ROASTED BRUSSELS SPROUTS

방울양배추의 정식 이름은
방울다다기양배추로 미니
양배추라고도 불러요. 영어로는
브뤼셀 스프라우트Brussels
sprouts인데요. 이름에 브뤼셀이
들어가는 것은 오래전부터
벨기에 브뤼셀 인근에서 많이
재배했기 때문이에요. 아삭한 식감,
쌉쌀하면서도 달짝지근한 감칠맛이
정말 매력적이죠.
구울 때는 완전히 익히지 말고 씹는
맛을 살린 뒤 아이올리를 곁들이는
것을 추천해요.

## INGREDIENTS.

| | |
|---|---|
| 방울양배추 | 15개 |
| 엑스트라버진 올리브유 | 60g |
| 타임 | 2g |
| 소금·후춧가루 | 약간씩 |

### 아이올리

| | |
|---|---|
| 마요네즈 | 200g |
| 다진 마늘 | 5g |
| 레몬즙 | 15g |
| 소금 | 2g |
| 엑스트라버진 올리브유 | 15g |

## RECIPE.

1. 볼에 아이올리 재료를 넣고
   잘 섞은 뒤 냉장실에 1시간 이상
   보관해요.
2. 방울양배추는 반으로 썬 뒤
   오븐 팬에 올리고 소금,
   후춧가루, 엑스트라 버진
   올리브유를 뿌려 200℃로
   예열한 오븐에서 9분간 구워요.
3. 접시에 구운 방울양배추를 담고
   아이올리를 곁들인 뒤 타임을
   뿌려 완성해요.

누군가 저에게 가장 좋아하는 채소가 무엇이냐 묻는다면 콜리플라워라고 대답할
거예요. 콜리플라워는 꽃양배추라고도 부르는데요. 브로콜리같이 생겼지만
사실은 양배추라서 생으로 먹을 수도 있어요. 유럽에서는 콜리플라워를 주로
구워 먹는데 여기서 포인트는 겉면만 색이 나도록 굽고 속은 아삭하게 씹히는
식감이 남아 있어야 한다는 것이에요.

# ROASTED CAULIFLOWER

## INGREDIENTS.

| | |
|---|---|
| 콜리플라워 | 1개 |
| 터메릭 파우더 | 2g |
| 드라이 오레가노 | 2g |
| 파프리카 파우더 | 2g |
| 꿀 | 15g |
| 엑스트라 버진 올리브유 | 60g |
| 바질 페스토 | 30g |
| 허브 | 적당량 |
| 소금·후춧가루 | 약간씩 |

## RECIPE.

1. 콜리플라워는 오븐 팬에 올려
   소금, 후춧가루로 밑간한 뒤
   터메릭 파우더, 오레가노,
   파프리카 파우더, 꿀, 엑스트라
   버진 올리브유를 뿌려요.

   **TIP** 비건이라면 꿀 대신
   올리고당이나 설탕을 사용해요.

2. 200℃로 예열한 오븐에서
   12분간 구워요.

3. 접시에 담은 뒤 바질 페스토를
   올리고 허브로 장식해요.

   **TIP** 바닥에 후무스를 깔면 더 맛있게
   즐길 수 있어요.

**갈릭 버터 향의 으깬 알감자 구이**

# GARLIC BUTTER ROASTED POTATO

대한민국 국민이라면 누구나 좋아할 만한 휴게소 알감자의 업그레이드
버전이에요. 알감자를 잘 삶은 뒤 가볍게 으깨고 노릇하게 캐러멜라이징하는
것이 중요해요. 저는 여기에 마늘과 버터로 맛과 향을 더했어요. 맥주 안주로
무조건 잘 어울리고 고기나 생선 요리의 사이드 디시로도 추천해요.

## INGREDIENTS.

| | |
|---|---|
| 알감자 | 300g |
| 버터 | 50g |
| 엑스트라 버진 올리브유 | 60g |
| 다진 마늘 | 10g |
| 파르미지아노레지아노 치즈 | 15g |
| 다진 이탈리안 파슬리 | 1g |
| 소금 | 약간 |

## RECIPE.

1. 알감자는 깨끗이 씻어 찬물에 소금과 함께 넣고 삶아요.

2. 팬에 버터와 엑스트라 버진 올리브유를 두르고 삶은 알감자를 올려요.

3. 스패츌러로 알감자를 눌러 노릇하게 구워요.

4. 마지막에 다진 마늘을 넣고 마늘 향을 입혀요.

5. 접시에 담은 뒤 간 파르미지아노레지아노 치즈와 다진 파슬리를 뿌려 완성해요.

# ROASTED VEGETABLES GRATIN

라타투이의 그라탱 버전이에요. 애호박과 가지, 토마토를 하나씩 차곡차곡 쌓아야 해 손이 많이 가지만 맛과 비주얼로 보상받을 수 있답니다. 저는 채소 자체의 단맛을 최대한 끌어낸 뒤 약간의 토마토소스와 바질로 풍미를 살렸어요. 여기에 바삭한 빵가루를 뿌려 재미 있는 식감까지 더하면 채소를 좋아하지 않는 사람도 맛있게 먹을 수 있을 거예요.

## INGREDIENTS.

| | |
|---|---|
| 애호박 | 1개 |
| 가지 | 1개 |
| 토마토 | 3개 |
| 토마토소스 | 150g |
| 드라이 바질 | 1g |
| 빵가루 | 100g |
| 엑스트라 버진 올리브유 | 적당량 |
| 소금·후춧가루 | 약간씩 |

## RECIPE.

1. 애호박과 가지, 토마토는 슬라이스해요.

2. 오븐 팬에 애호박, 가지, 토마토 순으로 일렬로 깔고 소금과 후춧가루, 엑스트라 버진 올리브유를 뿌려요.

   TIP 토마토소스를 올리기 때문에 소금과 후춧가루는 살짝만 뿌려요.

3. 토마토소스와 바질을 올린 뒤 빵가루를 골고루 뿌리고 180℃로 예열한 오븐에 12분간 구워 완성해요.

   TIP 마지막에 엑스트라 버진 올리브유와 간 그라나파다노 치즈를 뿌려 구우면 맛과 식감이 더욱 풍부해져요.

# POTATO MILLE FEUILLES

### RECIPE.

1. 감자는 껍질을 벗겨 채칼로 얇게 슬라이스해요.

   TIP 두께가 얇은 감자가 여러 겹 쌓여야 식감도 좋고 그 사이로 소스가 잘 배어들어요. 잘랐을 때 단면도 예쁘고요.

2. 냄비에 생크림과 치킨스톡, 버터, 오레가노, 다진 마늘을 넣고 끓이다가 소금과 후춧가루로 간해요.

   TIP 소스가 금방 끓어 넘칠 수 있으니 불 조절에 주의해요.

3. 불에서 내려 달걀노른자를 넣고 농도를 잡아요.

   TIP 달걀노른자는 생크림과 치킨스톡의 농도를 잡아주는 역할을 해요. 불에 올린 상태에서 노른자를 넣으면 바로 익어 알갱이가 생기는데요. 그러면 크리미한 질감이 나오지 않아요.

4. 오븐 팬에 슬라이스한 감자를 깔고 그 위에 소스를 약간 뿌린 뒤 그라나파다노 치즈를 갈아 올려요.

5. 4회 또는 5회 반복하고 155℃로 예열한 오븐에서 25분간 구워 완성해요.

밀푀유는 프랑스어로 '천 겹의 잎사귀'라는 뜻의 디저트예요. 감자 밀푀유는 얇게 슬라이스한 감자에 시즈닝한 크림을 채워 오븐에서 구워내는 요리인데요. 한 겹 한 겹 쌓은 감자가 마치 밀푀유 같다고 해서 붙여진 이름이에요. 감자를 한 겹씩 벗겨 먹는 재미가 있고요. 고기 요리의 가니시로도 정말 잘 어울려요.

### INGREDIENTS.

| | |
|---|---|
| 감자 | 4개 |
| 생크림 | 130g |
| 치킨스톡 | 100g |
| 버터 | 15g |
| 오레가노 | 2g |
| 다진 마늘 | 10g |
| 달걀노른자 | 2개 |
| 그라나파다노 치즈 | 100g |
| 소금·후춧가루 | 약간씩 |

카넬로니는 이탈리아어로 '굵은 파이프'를 뜻해요. 생면 파스타 반죽을 사각형으로 자른 뒤 필링을 채우고 원통형으로 말아 오븐에 구워 완성한답니다. 구운 단호박과 여러 가지 치즈를 섞은 필링을 채운 카넬로니에 당근과 토마토소스로 만든 퓌레를 곁들였어요. 토마토의 산미가 단맛과 느끼함을 잡아줘요.

단호박 카넬로니

# SWEET PUMPKIN CANNELONI

### 생면 파스타 반죽

| | |
|---|---|
| 강력분 | 450g |
| 달걀노른자 | 320g |
| 엑스트라 버진 올리브유 | 15g |
| 물 | 40g |

1. 넓은 볼에 강력분을 넣고 가운데 구멍을 파서 달걀노른자와 나머지 재료들을 넣어요.
2. 포크로 가볍게 섞은 뒤 손으로 치대며 한 덩어리로 뭉쳐요.

**TIP** 손으로 반죽할 때 볼 아래 젖은 행주를 깔면 볼이 밀리지 않고 힘을 세게 줄 수 있어요.

### 당근 토마토 퓌레

| | |
|---|---|
| 당근 | 835g |
| 양파 | 180g |
| 채소 스톡 | 1.2L |
| 생크림 | 250g |
| 버터 | 112g |
| 설탕 | 20g |
| 소금 | 17g |
| 토마토소스 | 242g |

1. 당근과 양파는 얇게 슬라이스해요.
2. 냄비에 토마토소스를 제외한 모든 재료를 넣고 중불에서 30분간 끓여요.
3. 토마토소스를 넣고 불에서 내린 뒤 핸드블렌더로 곱게 갈아요.

### 단호박 필링

| | |
|---|---|
| 단호박 | 1개 |
| 엑스트라 버진 올리브유 | 30g |
| 마스카포네 치즈 | 150g |
| 리코타 치즈 | 50g |
| 모차렐라 치즈 | 75g |
| 그라나파다노 치즈 | 15g |
| 소금·후춧가루 | 약간씩 |

1. 단호박은 껍질을 벗긴 후 얇게 슬라이스해요.
2. 오븐 팬에 깔고 엑스트라 버진 올리브유, 소금, 후춧가루를 뿌린 뒤 150℃로 예열한 오븐에 20분간 구워요.
3. 구운 단호박을 볼에 옮겨 핸드블렌더로 곱게 갈아요.
4. 치즈를 섞고 소금으로 간한 뒤 짜주머니에 채워요.

### 완성

토마토소스, 그라나파다노치즈, 후춧가루, 다진 이탈리안 파슬리, 엑스트라 버진 올리브유

1. 파스타 반죽을 파스타 머신으로 얇게 펴요.
2. 사방 11cm 정사각형 모양으로 재단하고 단호박 필링을 짠 뒤 돌돌 말아요.
3. 오븐 팬에 토마토소스를 얇게 펴 바르고 ②을 올려요.
4. 토마토소스를 바르고 그라나파다노 치즈, 후춧가루, 다진 이탈리안 파슬리, 엑스트라 버진 올리브유를 뿌린 뒤 160℃로 예열한 오븐에서 25분간 구워요.
5. 접시에 당근 토마토 퓌레를 깔고 ④를 올려 완성해요.